우리 가족이 카페를 열었습니다

우리 가족이 카페를 열었습니다

• 통의동 카페, 가족경영 5년의 노하우 •

임봉수 지음

로고폴리스

—— 터키 사람들은 '제즈베Cezve'라고 불리는 주전자로 끓여
낸 터키식 커피를 마시고, 커피잔에 남은 커피 가루의 형태에서
그날의 운세를 점친다고 한다. 머리가 하얗게 센 인생의 오후 어
느 날, 커피잔 속에 남은 커피 가루에서 터키인들이 "희미하지만
다시 반짝이기 시작하는 우리의 지난 삶"이라고 말하는 점괘가
나오는 행운을 만나게 된다면 얼마나 좋을까.

여수 출신인 나는 어렸을 때 동네에서 유일하게 피아노를 칠
줄 아는 남자아이로 지휘자를 꿈꾸는 소년이었다. 초등학교 4학
년 때는 내가 쓴 시에 대한 담임 선생님의 칭찬 한마디에 시인이
될 생각도 했다. 한마디로 나는 막연하게 예술가를 꿈꾸는 소년
이었다. 하지만 누가 어릴 적 꿈대로 살 수 있을까? 그런 운 좋은
사람도 더러 있겠지만 나는 그런 사람이 못 되었다. 고등학교 때
아버지의 사업이 갑자기 기울면서 지휘자의 꿈도 시인의 꿈도

5

모두 접었다. 대학 갈 때는 취업에 유리하다는 경영학과를 선택했고, 학교를 다니면서 착실히 공인회계사 자격증도 땄다. 졸업 후에는 대학 선배가 추천한 리스 회사에 곧바로 취업을 했다.

회사에서 어느 정도 자리를 잡은 30대 중반에는 우리 세대의 젊은 아빠들처럼 아이도 낳고, 집 평수도 늘리고, 차도 사고, 골프도 치기 시작했다. 당시 다니던 회사는 60세까지 정년을 보장했고, 퇴직 후 경제적으로 전혀 문제가 없을 정도로 퇴직금제도 또한 완벽하게 갖추고 있었다. 회사 생활뿐 아니라 인생의 모든 일이 너무나 순조로워서 가끔 '내가 영혼을 팔아서 행복을 산 건 아닌가?' 하는 불안이 엄습하기도 했다.

모든 것이 완벽했다. IMF라는 전대미문의 사태가 이 땅의 수많은 월급쟁이들의 삶을 뒤흔들기 전까지는 말이다. IMF로 회사가 문을 닫고 나는 완벽하게만 보였던 첫 직장을 떠나 삼일회계법인으로 직장을 옮겼다. 2000년 10월, 내 나이 마흔셋이 되던 해였다. 회계법인에 취업한 것은 개인 세무사 개업을 위한 경험을 쌓기 위함이었다. 9시 출근 6시 퇴근이 일상이던 첫 직장과 달리 두 번째 직장에서는 처음 몇 년간 아침 6시에 퇴근해서 당일 아침 9시에 다시 출근하는 고된 생활을 했다. 첫 직장에서 함께했던 옛 동료들은 뿔뿔이 흩어져 그 시대의 다른 직장인들처럼 오로지 살아남기 위해 하루하루 최선을 다해 살았다.

세무사 경험을 쌓기 위해 다닌 직장이었지만 가능한 한 직장 생활을 오래해서 언제 닥칠지 모를 은퇴 후를 준비해야겠다는 생각이 조금씩 들기 시작했다. 하지만 지금 생각해보면 당시 나는 은퇴 후의 삶에서 '삶'에 초점을 맞추기보다 은퇴 후에 보유해야 하는 '자산의 크기'에 더 초점을 맞춰 생각했던 것 같다. 그 당시 내 주변 사람들이 꿈꾸는 은퇴자의 생활이란 모아 놓은 자산을 수익이 높은 곳에 투자한 후 그 수익금으로 본인들은 여행이나 다니면서 여유 있는 생활을 하는 것이었다.

나도 비슷한 생각을 가지고 있었고 첫 직장 동료 몇몇과 퓨전 스타일의 중식당에 투자를 하기로 결정했다. 하지만 부푼 기대를 안고 투자한 식당은 개업한 지 6개월 만에 문을 닫았다. 투자를 결정하던 날 식당 주인이 우리들에게 한 말이 있다. "유대인들은 시스템을 만들고, 그 시스템 안에서 일은 남들이 하게 하는 데 익숙하답니다. 투자자인 유대인들이 편히 자는 사이에 돈은 다른 사람이 벌어다주는 셈이죠. 제가 돈은 벌어드릴 테니, 투자자 여러분들은 푹 주무시기만 하면 됩니다." 당시 나는 식당 사업에 대한 사업 타당성 분석을 보여주던 엑셀 자료 상의 연 30% 이상의 달콤한 투자수익률에 취해 내가 사업 수완이 뛰어난 유대인이 아니라는 사실을 깨닫지 못했다.

큰 기대를 걸었던 투자가 실패한 후 은퇴 후에는 돈뿐 아니라, 남은 인생을 어떻게 꾸려갈지에 대한 구체적인 계획을 세우는 것이 더 중요하다는 점을 어렴풋이 깨닫게 되었다. 비록 큰돈을 날리긴 했지만 내가 상술이 뛰어난 유대인이 아닌 이상 노후에 필요한 돈은 가능한 한 직접 벌어야 한다는 것과, 그러한 경제활동이 내가 좋아하는 일을 통해서 이뤄진다면 지금보다 좀 더 행복해지지 않을까 하는 생각을 들게 한 아주 중요한 사건이었다.

언제부턴가 사람들 사이에 '100세' 인생이라는 말이 화두로 떠올랐다. 나도 평균수명이 길어진 만큼, 은퇴 후에는 하고 싶은 일을 하고 살아야겠다는 생각이 좀 더 강하게 들기 시작했다. 만약 언젠가 날 필요로 하는 직장이 더 이상 존재하지 않게 된다면, 그 뒤에는 공인회계사 자격증을 가지고 있다는 이유만으로 세무사나 회계사를 업으로 살고 싶지 않았다. 내가 어떤 삶을 살고 싶은 것인지 진지하게 고민하기 시작한 것이 바로 그때부터였던 것 같다.

그러던 어느 날 커피 한잔을 마시다가 커피잔 속에서 희미하지만 반짝이는 나의 새로운 삶의 길을 발견했다. 그 빛은 진정으로 하고 싶은 일 속에서 내가 더 행복해지기를 원하는 것처럼 보였다. 그 빛이 한 번 반짝일 때마다, 내 가슴도 함께 뛰었다. 은퇴 후에 내 여행 경비를 다른 사람이 대신 벌어줄 수 없듯이, 제2의 인생의 주역도 나 아닌 다른 사람이 될 수는 없었다. 많은 고민 끝에 나는 회계법인에서 배우고 쌓은 컨설팅 업무 경험을 살려서 1인 카페 사업을 하고자 하는, 커피를 사랑하는 은퇴자들을 위한 창업 컨설팅을 하고 싶다는 결론을 내렸다.

물론 이런 결정이 쉽지는 않았다. 우선 아내의 반대가 심했다. 아내는 내가 좀 더 번듯해 보이는 세무사나 회계사를 하면서 남은 인생을 살기 원했다. 하지만 꾸준한 대화를 통해 아내를 설득했고 그 결과 지금 아내는 카페에서 나와 함께 맛있는 커피를 만들기 위해 열심히 일하는 내 인생 후반기 최고의 동료가 되었다.

현재 통의동에 자리 잡은 카페 '퀸 시바Queen Sheba'의 영업과 창업 프로그램은 네 명의 파트너가 함께하고 있다. 나는 로스팅 기술과 커피 이론을, 형은 커피 추출을, 아내는 커피 외 음료와 사이드 디시에 대한 교육을 담당하고 있다. 여기에 퀸 시바의 인테리어를 만든 그루스튜디오 대표가 인테리어에 대한 교육을 맡고 있다. 우리가 카페에서 쓰는 이름은 각각 브라이언, 헨리, 스칼렛, 에드워드다. 카페 창업 후 업무 공간에서의 수평적 파트너십을 위해 이 닉네임을 쓰게 되었다. 사실 이 이름은 우리가 카페 창업 준비로 쌓인 스트레스를 풀기 위해 주말마다 함께한 스크린골프장에서 사용하던 닉네임이다.

카페의 정식 파트너는 아니지만 아들과 딸도 직간접적으로 카페 영업을 돕고 있다. 아들은 대학 졸업 후 1년 정도 취업 준비를 했지만 원하는 결과를 얻지 못하자 나와의 약속대로 우리 카페의 창업반 과정을 시작했다. 2~3년간 카페 비즈니스를 몸으로 익힌 뒤 그 경험을 바탕으로 MBA 프로그램을 수강하고 적성에 더 맞는 분야의 직장을 찾던가 아니면 커피 관련 사업을 하기로 장기적인 계획도 세웠다. 그런데 카페에서 주경야독 하는 사이 원하는 곳에 취업이 되는 바람에 지금은 퀸 시바를 떠나 자신의 길을 가고 있다. 그래도 가끔 쉬는 날 카페 청소를 돕는 등 우리 부부에게 힘이 되어주고 있다.

2015년 여러 문제로 다니던 직장을 그만둔 딸아이는 다시 직장을 찾을 때까지 한시적이지만 정규직으로 채용돼 퀸 시바에서 일하고 있다. 본인이 결정할 일이지만 재취업보다 이곳에서 배운 나름의 카페 경영 노하우와 커피에 대한 지식, 경험을 바탕으로 새로운 사업을 해보면 더 좋을 것 같다는 생각이 든다.

퀸 시바는 궁극적으로 내가 하고자 하는 '1인 카페 비즈니스 컨설팅'을 위해 만든 3개의 비즈니스 모델 중 하나로, 일종의 플래그십 스토어다. '퀸 시바'라는 이름은 '아프리칸 커피하우스'라는 우리 카페의 콘셉트를 함축적으로 담기 위해 구약의 '시바의 여왕'에서 그 이름을 따왔다. 문을 연 지 얼마 되지 않았을 때부터 많은 사람들이 이 카페를 사랑해주었고 지금도 여전히 많은 분들이 찾고 있다. 카페를 찾은 손님들이 "이곳 커피 정말 맛있네요"라고 말할 때면, 내 마음은 설명할 수 없는 기쁨으로 벅차오른다. 또 '퀸 시바'의 커피 맛과 비즈니스 콘셉트에 반해 내게 창업 컨설팅을 받고 싶어 하는 사람들을 만나면 마치 자동 녹음기를 틀어놓은 듯 이 비즈니스 모델의 장점과 단점, 경쟁력, 재미, 그리고 이 일을 하기까지의 과정과 어려웠던 점들을 침을

튀겨가면서 설명하게 된다.

　은퇴 후, 그 전과 전혀 다른 일을 하며 산다는 것은 지금까지 지구에서 살다가 화성으로 이주해서 사는 것만큼 어려울 수 있다. 하지만 화성의 중력이 지구와 다르니 우리가 모르는 다른 장점도 있을 것이다. 내 이야기를 취재해갔던 한 기자는 나에 대해 이렇게 썼다. "은퇴 후 새로 정착한 '화성'에서 임 씨가 보내는 시간은 '지구'에서 살 때와는 다르다. 지구에서는 모든 과정이 결과를 향해 달려간다. 반면 화성에서는 모든 과정이 결과다. 결과를 위해 아등바등할 필요가 없다. 그저 매 순간을 즐기면 된다."

　이 책은 내가 제2의 인생에 눈뜨고 가족과 함께 카페를 창업하기까지의 과정을 담은 책이다. 나는 이 책 속에 창업 컨설팅을 위한 비즈니스 모델을 만들고, 그중 하나를 선택해서 퀸 시바를 창업한 과정을 빠짐없이 담으려고 노력했다. 이 책이 인생 후반기에 자신이 좋아하는 일을 하면서 진정 행복한 삶을 꾸리길 원하는 분들께 실질적인 도움이 되었으면 한다. 제2의 인생이라는 것이, 다 마셔버렸다고 생각하는 커피잔 속에서 희미하지만 우리가 알아볼 때까지 계속해서 반짝이고 있다는 것을 독자들도 알게 되기를 진심으로 희망한다.

통의동 카페 퀸 시바에서

임봉수

2장 본격적인 창업 준비

비즈니스 모델 정립부터 가족 간 파트너십 구축까지

5장 멈추지 않고 성장하는 카페로

창의적인 시도로 비즈니스 영역 넓히기

1장

인생 후반기,
8만 시간을 위한
준비

가족과 함께 인생 두 번째 업을 찾다

카페 '피네'에서
커피를 시작하다

—— 내가 다니던 대학교 앞에 '피네Fine'라는 이름의 원두커피 전문점이 생긴 것은 대학교 1학년 때였다. 피네는 그 당시 대학가의 다른 커피숍들과는 많이 달랐다. 지금도 피네를 생각하면 바bar 위에 일렬로 놓여 있던 드립커피머신의 모습이 선명하게 떠오른다. 그곳에서 투명하고 둥근 유리 서버로 원두커피가 주르륵 소리와 함께 추출되는 과정을 바라보는 게 그렇게 신기하고 재미있을 수 없었다. 커피잔에 커피 가루를 한 스푼 가득 넣고 뜨거운 물을 부은 뒤 설탕과 프림을 적당히 섞어서 만드는 기존의 인스턴트커피와 완전히 달랐기 때문이다. 지금도, "여기, 커피 리필 좀 해주세요!" 하고 소리치면, 짧은 스커트를 입은 여자 종업원이 코스모스처럼 한들한들 걸어와서 웃으며 내 빈 커피잔에 커피를 가득 채워줄 것만 같다. 오른손에는 원두커피가 담긴 둥근 유리 서버를, 왼손에는 설탕과 액상 프림이 담긴 그릇을 올린 쟁반을 든 채 말이다. 이런 생각만으로도 가슴 한편이

아릿한 것을 보면, 그 카페 이름은 피네(이탈리아어 명사로는 '끝', 형용사로는 '세련된'이라는 뜻을 가지고 있지만, 명사의 의미로 읽는다면)였지만 아마도 원두커피에 대한 내 관심은 그 카페에서부터 시작된 것이 틀림없다.

그런데 지금 생각해보면 그 관심이 원두커피의 '맛'에 있었던 것은 아니었던 것 같다. 피네의 원두커피에서 가끔 담뱃재 냄새가 나곤 했는데, 그럴 때면 "얘들아, 혹시 원두커피가 비싸서 일부러 담뱃재 같은 것을 좀 섞는 건 아닐까?" 하고 커피를 마시던 친구들끼리 농담을 주고받곤 했다. 지금이야 커피에는 아주 적은 양의 니코틴 성분이 들어 있어서 볶은 지 오래돼 산패한 커피에서는 니코틴 냄새가 날 수 있다는 사실을 알게 되었지만, 그 당시에는 세상에서 제일 잘 산다는 미국인이 마시는 커피에서 그런 맛과 향이 나는 것을 이해할 수 없었다.

그러니까 그때의 내 관심은 주로 피네에서 난생 처음 본 드립커피머신이나 분쇄된 원두커피의 추출 과정, 유리 서버에 원두커피를 담아서 한들한들 들고 다니던 종업원들, 밝고 편안한 실내 인테리어 등 기존의 인스턴트커피를 팔던 '다방'과는 전혀 다른, 커피 맛 이외의 요소에 있었던 것이다.

회사의 고객으로 만난
원두커피 회사 쟈뎅

———— 정확한 기억은 아니지만 군대 3년을 마치고 대학 2년차로 복학해서 보니 피네는 문을 닫고 없었다. 하지만 피네에 대한 그리움을 가슴에 담아둘 여유는 없었다. 내가 복학한 해에 일어난 광주민주항쟁을 시작으로 졸업할 때까지 여러 시국 사건들이 대학생활을 어둡게 했기 때문이다. 그렇게 대학 4학년을 맞은 나는 공인회계사 시험 2차에 합격했다. 한 외국계 회계법인을 포함해 몇몇 큰 회사의 입사시험에도 합격해서 어느 회사로 가야 하나 행복한 고민에 빠지기도 했다. 지금의 전쟁 같은 취업 상황과 높은 청년 실업률을 생각하면 꿈같은 시절이었다. 그러던 중 지금의 '○○캐피탈'이라고 불리는 회사들의 전신 격인 리스 회사에 다니던 한 대학 선배가 연락을 해왔다. "우리 회사에 와서 입사시험 한번 볼래? 합격하더라도 안 다녀도 되니, 와서 우리 대학교 출신들 실력만 좀 보여줘. 대신 시험 보러 오는 날 차비는 두둑이 줄게……" 선배가 말한 '두둑한 차비'에 혹(?)해서 정말 입사시험만 보러 갔다가 얼떨결에 선배가 다니던 회사에 눌러앉아 첫 직장 생활을 시작하게 됐다.

기획팀, 회계팀을 거쳐서 입사 후 5년이 지났을 즈음 나는 영업부의 식음료 팀에서 근무를 하게 됐다. 그때 '쟈뎅'이라는 이름의 원두커피 가맹사업자를 회사의 고객으로 만났다. 때마침 서울 명동에서 '도토루'라는 이름의 일본계 원두커피 전문점이 문을 열어서 호기심 많고 커피를 좋아하는 젊은이들의 사랑을 받고 있었다. 도토루는 드립커피머신을 사용해서 커피를 추출한다는 점에서는 피네와 같았지만 인테리어 콘셉트 등은 여러 면에서 달랐다. 피네는 넓은 실내에 오래 앉아 있어도 편안한 의자와 테이블 등을 비치하고 있었고, 주문한 커피는 종업원이 손님 자리까지 서빙해주는 시스템이었다. 그러나 '도토루'나 '쟈뎅' 같은 카페들은 실내가 그다지 넓지 않았으며, 바는 커피를 주문하는 오더 존과 손님들이 직접 커피를 챙겨가는 픽업 존이 따로 설계되어 있었다. 또한 의자와 테이블은 원목 등 나무로 만들어 깔끔한 인상이었지만, 작고 딱딱해서 오래 앉아 있기는 불편했다.

나는 사업성 분석을 위해서 찾아갔던 '쟈뎅'의 사무실에서 도자기로 만든 독일제 수동 그라인더와 일본 하리오 사의 드리퍼, 서버 등을 보고는 눈을 떼지 못했다. 그것들은 내 혼을 빼앗을 듯 생경하고 아름다웠다. 그때 그곳에서 구매한 도자기 재질의 작은 수동 그라인더와 소금, 후추통은 아직도 우리 집 그릇장에 잘 보관되어 있다. 지금은 인터넷이나 백화점 매장에서 쉽게 구매할 수 있는 흔한 물건들이 되었지만 당시 내게는 더없이 매력적인 물건들이었다. 현장 방문 차 들렀던 쟈뎅의 의정부 원두 가

나의 커피 역사와 함께한 커피 도구들.
왼쪽부터 자기로 만든 독일제 수동 그라인더와 나의 첫 번째 로스터기인 아이로스트
그리고 퀸 시바의 로스팅 수업에서 활약하고 있는 대만의 핫 톱 로스터기.

공 공장에서는 크고 검은 솥뚜껑을 뒤집어놓은 것 같은 곳에 시커멓게 볶여 있는 커피를 보고, '아, 커피는 이런 솥뚜껑을 이용해서 볶나 보다'라고 제멋대로 생각했던 웃지 못 할 기억도 있다.

회사는 우리 식음료 팀이 작성한 쟈뎅의 가맹점사업 타당성 보고서를 기초로, 쟈뎅이 선정한 가맹점의 입지가 결정되면 그곳의 모든 집기와 비품, 인테리어 비용을 리스 방식으로 신속하게 지원하는 일종의 '퀵 리스Quick Lease' 프로그램을 적용하기로 결정했다. 그 당시 퀵 리스는 일정 금액 이하의 단일 리스 계약 건에 대해서 리스 신청 후 일주일 내에 신속하게 가부를 결정하는 리스 상품을 의미했다. 회사의 빠르고 신속한 자금 지원으로 쟈뎅의 원두커피 가맹점사업은 날로 번창했다. 내가 쟈뎅의 커피 사업에 지나친 관심을 보이자 쟈뎅의 한 담당자가 "임 과장님은 우리 사업에 관심이 참 많으신데, 저희가 좋은 장소 하나 물색해놓을까요?" 하고 농담을 건네기도 했다.

쟈뎅은 나름 앞서가는 가맹점 관리 방식을 가지고 있었다. 그 중 가장 마음에 드는 부분은 '점주는 마감 시점에 들러서 그날 매상만 확인하고 현금만 챙겨 가면 된다'라고 하는 식의 간편한 관리 방식이었다. 이를 위해서는 다음과 같은 관리 매뉴얼이 준비되어 있었다.

첫째, 카페 내의 모든 컵은 종이컵을 사용하는데, 종이컵의 사용량은 곧 매상을 확인하는 주요 통제 요소다. 매일 저녁 그날 사용된 종이컵을 세어보면 대략 하루 매출액을 추정할 수 있다.

둘째, 매장의 의자나 테이블은 좁고 딱딱한 원목으로 했다. 이는 손님들이 오래 앉아 있는 것을 불편(?)하게 해서 회전율을 높이는 것이 주목적이다. 물론 도토루도 같은 인테리어 콘셉트를 도입하고 있었다. 지금은 대부분의 카페들이 사용하고 있는 평범한 콘셉트이지만 그때는 상당히 획기적으로 보였다.

셋째, 매 시간대별로 매장에서 틀어야 하는 음악을 미리 정해놓는다. 당시는 주로 카세트테이프로 음악을 틀었는데, 점주는 특정 시간에 매장에 전화를 해서 그 시간대에 틀기로 한 음악이 들리지 않으면 종업원들이 업무에 집중하지 않고 있다는 것을 간접적으로 확인 가능하다고 했다. 인터넷이 발달하지 않고 감시카메라도 드문 시절이라 이러한 일종의 원격 통제 방법을 사용했던 것으로 보인다.

피네에서 시작된 원두커피에 대한 나의 호기심은 쟈뎅을 회사의 고객으로 만나면서 좀 더 깊어질 수 있었다. 그러나 그 호기심도 여전히 원두커피의 맛보다는 원두커피 전문 카페들과 함께 들어온 새로운 카페 문화에 집중돼 있었다. 처음 보는 여러 가지 커피 추출 도구들, 고객 스스로 픽업하게 하는 서비스 정책, 회전율을 높이기 위한 인테리어 콘셉트, 음악으로 종업원들을 관리하는 매장 관리 방식 등이 내 호기심의 주된 근원이었던 것이다.

—— 왜 그때의 원두커피들은
맛이 없었을까

—— 카페 피네와 쟈뎅이라는 원두커피 가맹사업자를 수년 간격으로 만나면서 내가 커피, 특히 원두커피라는 음료에 설명할 수 없는 매력을 느꼈던 것은 틀림없다. 그러나 안정적인 직장과 결혼 생활, 딸과 아들의 탄생과 콘도, 새로운 자가용 문화 등 너무나 빨리 변해가는 세상을 사는 재미에 빠져서 사실 원두커피라는 화두는 거의 잊어버린 채 지냈다.

90년대 초 당시 회사의 모든 부서에는 드립커피머신이 한 대씩 있었다. '쟈뎅'과 '도토루'가 가맹점사업을 적극적으로 전개해나가면서 많은 회사들이 가정용 드립커피머신을 구입해 사무실에서 원두커피를 내려먹는 유행이 바람처럼 번졌기 때문이다. 그런데 언제부턴가 각 부서의 드립머신이 먼지를 뒤집어쓰고 슬그머니 직원들의 관심에서 멀어졌다. 각 부서에서 관련 기구들을 안전하게 관리하는 것이 쉽지 않은 것도 그 이유 중 하나였지만, 그보다는 생각만큼 원두커피가 맛있지 않았던 것이 주된 원인이었다고 생각한다.

그즈음 종로 다동에 '사이폰'이라는 도구로 커피를 추출하는 사이폰 커피 전문점이 생겼다. 나는 사이폰의 아름다움에 반해서 그 카페를 자주 찾았는데, 그 또한 곧 발길을 끊게 되었다. 그러면서 마음속에는 자연스레 한 가지 의문이 자리 잡았다. 원두커피라는 것은 왜 기대만큼 맛있지 않은가.

지금 생각해보면 그때는 커피를 농산물이 아닌 공산품으로 여겨서 원두커피를 오해한 부분이 가장 컸다고 생각한다. 그 당시 원두커피를 구할 수 있는 곳은 내 경우 백화점밖에 없었다. 백화점에서 원두를 구매할 때면 원두가 언제 볶여졌는지, 볶은 날짜가 커피의 맛과 풍미에 어떤 영향을 주는지, 어떤 원두가 어떤 맛과 풍미를 가지는지에 대해서보다 브랜드와 포장에만 관심을 가졌다.

그렇게 지식과 정보의 부재로 커피에 대한 흥미를 점점 잃어가던 어느 날 신문에서 이화여자대학교 앞에 미국 최대의 커피 체인인 스타벅스가 들어와 선풍적인 인기를 끌고 있다는 기사를 접했다. 그 유명한 파란색 로고가 찍힌 컵에 담긴 커피를 이제 한국에서도 마실 수 있게 됐다는 사실이 그저 행복하기만 했다. 매장이 여기저기 늘어난 후로는 어디서든지 사서 마실 수 있는 스타벅스 커피가 아침에 눈을 뜨는 가장 즐거운 이유가 됐다.

2007년 봄, 두 번째 직장이었던 삼일회계법인을 떠나기 전까지 나는 스타벅스의 라테와 커피빈의 바닐라라테에 푹 빠져 있었다. 다소 쓴맛의 스타벅스 아메리카노에 생크림을 올려서 쓴맛을 줄이고 달달한 생크림 맛을 더한 나만의 생크림 아메리카노를 고된 직장 생활의 활력소로 삼기도 했다. '나만의 커피 레시피'를 제안하는 스타벅스의 프로모션 행사에 생크림 아메리카노 레시피를 응모하기도 했는데 안타깝게도 상을 받진 못했다.

2007년 나는 개인적인 이유로 회계법인을 그만 두고 선릉 근처에 위치한 KT캐피탈로 직장을 옮기게 됐다. 어느 화창한 봄날, 선릉 근처에서 점심을 먹고 회사로 돌아오다 말로만 듣던 로스터리 카페가 생긴 것을 보게 되었다. 글로벌 커피 체인의 커피 맛에 빠져 있었지만 그때 나는 한편으로 좀 더 순수한 커피 맛을 느끼고 싶다는 생각을 했던 것 같다. 반가운 마음에 뛰어 들어간 그 로스터리 카페에서 나무상자에 담아 진열용으로 전시해둔 '브라질 산토스'라는 이름의 커피 생두를 처음 본 순간 나는 내가 그동안 여러 가지 이유로 잊고 살았던 '커피라는 이름의 연인'을 운명적으로 다시 만났다는 것을 직감했다.

—— 무작정 시작한
홈 로스팅

—— 어느 날 말로만 듣던 커피 생두를 처음 본 곳은 앞에서 언급한 대로 선릉 근처에 위치한 한 로스터리 카페였다. 지금도 통의동 퀸 시바에서 불량 생두를 핸드 픽hand pick 하고 있으면, "어머, 이게 커피 생두예요?" 하면서 신기해하는 사람들이 많다.

그때의 나도 그랬다. 그 로스터리 카페는 생두는 팔지 않는다고 했는데, 그래서인지 나는 더 그 생두라는 것을 직접 볶아서 먹어보고 싶어졌다. 그러나 마음만 앞섰을 뿐 사실 당시 커피에 대한 내 지식과 정보는 그저 커피를 좀 좋아하는 여느 사람들과 크게 다르지 않았다. 마침 우연히 보게 된 《월간 커피》에서 생두를 파는 회사가 국내에도 더러 있다는 사실을 알게 되었다. 그래서 물어물어 강남구 신사동에 있는 한 생두 수입 회사를 찾아가 생두를 구입했다. 그리고 가게 주인이 국내 시판 테스트용으로 미국에서 들여온 가정용 로스터기 '아이로스트I-Roast'를 반은 사정하다시피, 반은 강제적으로 뺏다시피 해서 구입해왔다.

드디어 나는 서툴지만 직접 로스팅을 시도할 수 있었다. 내가 맨 처음 가정용 로스터기로 볶은 커피는 과테말라 안티과였던 것으로 기억한다. 생두를 사다가 핸드 픽을 하고 볶고 분쇄한 후 추출해서 마시는 과정은 정말 행복했다. 하지만 정작 집에서 처음 볶아본 원두커피의 맛은 오래 기억에 남지 않았다. 집에서 볶은 커피였음에도 그 맛이 가슴에 담아둘 만큼 황홀하지 않았기 때문일 것이다.

몇 년 뒤 나는 '핫 톱Hot Top'이라는 가정용 로스터기를 큰마음 먹고 구입했다. 같은 제품을 미국에서 사면 800달러 정도였는데, 한국으로 배송하는 것은 개별적으로 알아서 해야 했다. 결국 운반비를 고려해 동남아 판매를 책임지고 있는 대만 소재 회사에 이메일로 제품을 주문해서 수입하는 식으로 로스터기를 구입했다. 그런데 이렇게 주문한 로스터기는 미국 판매가보다 무려 300달러 이상 비싼 데다 통관할 때 300달러의 관세를 더 물어야 했다. 가정용 로스터기 한 대 구입하는데 무려 1,400달러 이상을 쓴 것이다. 여기에 필터 등 주요 소모품을 구입하는 데도 100달러 정도가 들었다.

그 후 한동안 주말마다 형, 집사람과 함께 교회에 가기 전 집에서 아침 식사 후 핫 톱 로스터기로 원두를 볶아서 내려 먹는 일이 큰 재미로 자리 잡았다. 마치 에티오피아에서 커피 세리머니를 하듯이 우리는 주말마다 가족 행사로 커피 로스팅 세리머니를 했다. 그런데 새로운 로스터기는 기존에 가지고 있던 아이로스트보다는 볶는 생두의 양도 많고 커피 맛도 다소 개선시켰지만, 투자한 금액 대비 훌륭한 맛을 보여주진 못했다. 나의 로스팅 기술이 부족한 것으로 생각해서 나름 노력도 해봤지만 큰 소득은 없었다.

수년 전 카페 쇼에서 국내 한 회사가 핫 톱 제품을 수입해서 판매하는 것을 보고 담당 직원에게 적절한 로스팅 방법에 대해서 문의해보았지만 내가 원하는 답을 듣지는 못했다. 대신 4~6만 원 상당의 수망이라는 도구를 구입해 가스 불 위에서 손으로 직접 생두를 볶아 먹어봤는데 그 원두 맛이 내게는 가장 맛있었던 걸로 기억된다. 핫 톱 로스터기는 간단하고 맛있는 수망 로스팅에 밀려서 한동안 집 한구석에 먼지를 뒤집어쓰고 내 기억 속에서 잊혔다. 지금은 다행히 매 주말마다 있는 퀸 시바 커피 클래스의 로스팅 수업 시간에 쓰이면서 로스팅에 대한 수강생들의 흥미를 자극하는 데 큰 기여를 하고 있다

내가 어렵게 구한 아이로스트는 'function-1', 'function-2' 두 가지 기능을 가지고 있었다. 나는 그 기능이 뭘 의미하는지도 모른 채 주로 'function-1'을 사용해서 생두를 볶았다. 나중에 안 사실이지만, function-2는 function-1보다 볶는 시간이 길어서 생두를 좀 더 진하게 볶는 기능이었다. 생두는 볶기 시작하면 2번 팝핑popping이 이뤄진다는 사실도 모르던 시절이었다. 그러나 나름 세상에서 하나밖에 없는 나만의 원두라고 생각하니 그저 볶아지길 기다리다 갈아서 내려먹는 것만으로도 나와 집사람은 행복했다.

친구들이 집에 놀러 오면 가끔 직접 볶은 커피를 금색의 영구 필터로 추출해서 권하곤 했는데 친구들 표정이 하나같이 밝지 않았다. 나는 그저 '애들이 나만큼 커피를 좋아하지 않나 보다'라고만 생각했다. 그런데 어느 날 한 친구가 미안하다는 표정으로 "커피가 너무 쓰기만 하다"고 했다. 나도 그 점이 좀 불만이었던 터라 평소에 알고 지내던 카페 대표에게 전화해서 방법을 물으니, 'function-1'이나 'function-2'나 그 기능이 다 끝나기 전에 원두가 적당한 색깔로 변한 시점에 전원을 끄면 원하는 볶

음도의 커피를 먹을 수 있다는 사실을 알려주었다.

지금은 퀸 시바에서 바를 담당하고 있는 형이 사업차 동티모르에 갔다가 귀한 동티모르산 생두를 사온 적이 있다. 그 생두를 볶아 커피를 내려 마시면서 우리는 우리가 한국에서 동티모르 커피를 집에서 볶아먹은 유일한 사람들일 거라고 으쓱해했다. 그러나 생두를 직접 볶아서 먹는데도 왜 기대하는 맛이 나지 않는지는 여전히 의문이었다.

그때 형이 동티모르에서 사온 생두는 생산된 지 수년이 지난 거의 쓰레기에 가까운 생두였다는 사실을 대학원에서 커피를 전공하고 나서야 비로소 알게 되었다. 어쩐지 그때 그 생두는 너무 말라 있었고, 수세식으로 가공한 콩이었는데도 콩 색깔이 누렇게 변색되어 있었다. 생두는 수확한 지 1년이 지나지 않은 뉴 크롭new crop이 아무래도 맛이 제일 좋다는 것, 원두는 볶은 지 3일이 지나면 맛의 정점을 지나 조금씩 커피의 생명인 맛과 향이 사라진다는 것, 집에서는 상업용 로스터기를 사용하는 카페에서처럼 원두를 맛있게 볶는 것이 사실은 불가능하다는 것, 그리고 커피 추출도 커피 맛에 상당한 영향을 끼친다는 아주 단순한 상식 등도 모두 대학원에서 커피 공부를 하면서 알게 된 것들이다.

집에서 로스팅을 할 때도 나는 커피를 농산품이 아닌 공산품으로 믿고 있었던 것이다. 그래서 초콜릿이나 스낵과자처럼, 제조 연월일과 상관없이 유통기한 이내이면 커피 맛은 항상 같을 것으로 믿고 있었다. 당연히 언제 어디서 어떻게 볶고 어떻게 분쇄하고, 어떻게 추출하든 커피 맛은 항상 같을 것이라는 생각도 같은 근거에서 나왔다.

어쨌든 그때 나는 그저 커피를 가지고 노는 것만으로 재미있고 행복했다. 하지만 커피를 지금처럼 사랑한 것은 아니었다고 생각한다. 커피에 대해서 좀 더 알고 싶다는 생각은 있었지만, 특별히 더 노력하지는 않았기 때문이다. 생두를 직접 집에서 볶아서 먹는 등 다른 사람들과는 조금 다른 방식으로 커피에 접근했던 것은 사실이나, 커피에 대한 지식이나 정보는 커피를 즐기는 대부분의 사람들과 별반 다를 게 없었다.

—— 본격적인
커피 입문

—— 2008년 주변에 로스터리 카페가 자주 눈에 띄게 되었을 즈음 나는 근무하고 있던 회사 근처 대학원의 평생교육원에서 커피를 가르친다는 광고를 보고 신청 여부를 망설이고 있었다. 이 소식을 들은 회사의 대학 후배가 "선배님, 커피 좋아하시잖아요? 비용도 그다지 많이 드는 것도 아닌데, 망설이지 말고 저랑 같이 하십시다" 하고 권유하는 바람에 얼떨결에 그 후배와 함께

커피를 배우러 다니게 되었다. 그곳에서 바리스타 시험 준비에 필요한 에스프레소와 카푸치노 등을 열다섯 명 정도의 수강생들과 배웠다. 수업도 재미있었지만 수강생 중 자기 카페을 운영하던 서른 중반의 한 친구의 이야기가 아직도 기억에 남아 있다.

그 친구는 에스프레소를 취급하는 카페를 5~6년가량 경영해 왔다고 했는데 평생교육원에 커피를 배우러 오게 된 계기를 들어보니 너무나 기가 막혔다. 그 친구 말로는 자신이 우리나라의 에스프레소 커피 도입 초기에 카페를 열었기 때문에 처음에는 장사가 그럭저럭 잘 되었다고 한다. 그런데 어느 날부터 손님들의 발길이 뜸해지면서 매출이 줄기 시작했다는 것이다. 그렇게 손님이 없어 카페 밖에서 담배를 피우고 있는데 단골손님이 길 건너 다른 카페로 가는 것을 보고 자기도 모르게 달려가서 물었다고 한다. "왜 우리 카페로 오시지 않고요?"라고 묻자, 그 손님이 지극히 미안한 얼굴로 "아⋯⋯ 말씀 드리기 죄송하지만, 사장님 가게는 커피가 맛이 없잖아요⋯⋯"라고 말꼬리를 흐렸다는 것이다. 그때 그 친구가 자기도 모르게 뱉은 말이, "아니, 커피 맛이 가게마다 달라요?"였다고 한다.

지금 들어도 웃음이 나는 재미있는 에피소드다. 그 친구는 5년 넘게 카페를 운영하면서 커피가 원두의 종류에 따라서, 에스프레소머신의 종류에 따라서, 탬핑의 강도에 따라서, 분쇄도에 따라서, 원두의 양에 따라서, 추출 시간에 따라서, 추출량에 따라서 맛이 달라질 수 있다는 사실을 전혀 몰랐다고 했다. 그 일로 큰 충격을 받고 커피를 제대로 배우기 위해 평생교육원에 왔다는 것이다.

어처구니없게 들리는 이 에피소드가 우리에게 아직 생소했던, 에스프레소 베이스의 아메리카노에 대한 그 당시 커피 소비자들의 이해 정도를 설명해주는 것이 아닌가 하는 생각이 들었다. 그 후 그 친구는 내친 김에 평생교육 프로그램을 주관하던 분이 운영하는 '커피아카데미'에서 6개월짜리 '트레이너 프로그램'도 마쳤다고 한다.

나는 커피에 대한 남다른 열정과 관심으로 커피아카데미 원장님의 인정을 받아 한때는 바리스타 2급 시험의 '맛 평가 심사위원'으로 위촉을 받기도 했다. 그러나 커피에 대한 지식과 경험은 심사위원을 하기에 턱없이 부족했던 터라 심사위원이라는 타이틀이 오히려 커피를 좀 더 제대로 배워야겠다는 다짐으로 이어졌다.

당시 나는 바쁜 회사 생활로 커피를 본격적으로 배울 시간을 내기가 쉽지 않았다. 그래도 막연히 미래를 준비해야겠다는 생각에 집사람을 설득해서 6개월짜리 에스프레소 관련 교육 프로그램을 듣게 했다. 집사람은 그 교육을 통해 커피에 대한 상당한 지식과 경험을 얻게 되었다. 수업이 있는 날이면 집사람은 손목이 아프다고 하면서 내게 저녁마다 손목을 주물러 달라고 했다.

그렇게 퇴근하면 마님의 손목을 마사지해야 하는 '마님과 종' 놀이가 시작되었지만, 집사람이 그 일을 계기로 나보다 커피를 더 이해하고 좋아하게 된 것 같아 기뻤다.

—— 인생의 위기에서
깨달은 것들

—— 2009년 가을 평생교육원에서 커피를 가르치시던 커피 아카데미 원장님으로부터 전화가 왔다. 머지않아 교육과학부에서 전문대학 등에서 가르치는 커피 과목에 대해 학점을 인정해줄 것 같다는 소식을 전해주셨다. 이와 함께 한 대학원에서 커피를 전공 선택으로 가르치는 것을 목표로 관련 학과를 준비 중이니 이번 기회에 커피를 전공해보라고 했다. 만약 커피를 전공으로 석사나 박사학위를 받으면 앞으로 대학에서 커피를 가르칠 수 있는 기회가 있을 거라는 말도 잊지 않으셨다.

사실 그때 나는 오랫동안 목표로 삼아왔던 MBA를 준비하고 있었다. 모교인 대학에서 추진하던 글로벌 MBA 프로그램에 응시하기 위해서 영어 학원도 열심히 다녔다. 적지 않은 학비 문제도 집사람과 기왕 상의해둔 상태였다. 그동안 집사람은 부부는 같이 살아야 의미가 있다면서 해외 MBA는 반대해오던 터였다. 그렇게 한참 MBA의 꿈에 부풀어 있던 중이었지만 원장님의 전화를 받고 나서, 'MBA 대신 대학원에서 커피를 전공한다?' 이런 생각과 함께 나의 결심이 흔들리기 시작했다. 마음 한구석에서는 '이런 기회가 마치 나를 기다리다가 찾아온 것은 아닌가?' 하는 기분도 들었다. 나도 모르게 마음이 커피 쪽으로 점차 기울었지만 평생을 꿈꾸던 MBA 과정을 포기하기는 쉽지 않았다. 그래서 여러 선후배들과 이 문제를 상의해봤다. 예상과 달리, 특히 후배들은 "나이 들어서 비싼 돈 들여 왜 경영학을 공부하는데요? 커피를 좋아한다면 한번 제대로 공부해보는 게 더 재미있을 것 같아요"라고 조언해주었다. 결국 집사람과 상의한 끝에 겨울 초입쯤 커피를 전공하기로 하고 2010년 3월부터 관련 대학원에 다니기로 했다.

그런데 예상치 못했던 일이 생겼다. 다니던 회사의 정기 주총 전날인 2월 중순쯤 회사로부터 갑자기 집에 가서 쉬라는 연락이 왔다. 주총 전날까지 별 연락이 없어서 연임이 될 거라 믿고 있던 터라 충격이 컸다. 흔히들 임원은 '임시 직원'의 준말이라는 우스갯소리를 하고는 했는데, 그 말이 우스갯소리가 아니고 사실이라는 것을 깨닫게 된 순간이었다. 그 당시는 막연히 연임이 될 것이라 확신하고 있어서 심리적으로 은퇴 후 삶에 대한 충분한 준비가 되어 있지 않았다. 당연히 경제적으로도 충분히 대비하지 못하고 있었다. 갑작스러운 '연임 불가' 소식에 다른 곳에

취직해보려고 노력도 해봤지만, 2월은 기업들의 임원 인사가 거의 다 끝난 시점이라서 그 또한 쉽지 않았다. 집사람 눈치를 보면서 마음의 갈등을 겪는 와중에도 다행히 3월에 대학원 커피 수업이 있다는 사실이 큰 위안이 됐다.

2월 말 김연아 선수가 금메달을 딴 밴쿠버 동계올림픽 피겨 경기가 있던 날 대학원 MT를 떠났다. 김연아 선수가 우승하는 순간 같은 버스에 탔던 동기들 모두 함께 기뻐했지만 환호 후에 내 기분은 공기가 빠져나간 풍선처럼 더 우울해졌다. 버스가 휴게소에 들르자 목소리를 들으면 위로가 될 만한 그리운 사람들에게 여기저기 전화를 걸었다. 고개를 드니 하늘은 아직 봄을 맞이할 준비가 안 된 표정으로 나를 내려다보고 있었다. 봄은 오고 있었지만 겨울의 흔적이 더 많이 남아 있는 날이었다. 내 주변을 둘러싸고 있던 세상사 모든 게 갑자기 변해버렸다. '만약 재취업이 안 되면 어떻게 살아가지?' 하는 생각으로 머릿속은 복잡했지만, 일단은 새로운 공부를 한다는 생각에 용기를 내 버스에 다시 올랐다.

다행히도 같은 해 3월 말, 퇴사한 회사가 더 큰 회사를 인수합병하면서 다시 내부 감사로 복직이 되었다. 직업을 잃었다가 다시 찾은 기간이 한 달 보름 정도로 짧은 기간이었지만 내 인생 전반기에 영원히 기억될 가장 극적인 시간이었다. 그 시간 동안 여러 직장에서 만났던 선후배들 대부분이 사실은 나와 진정한 인간관계를 맺고 있지 않았다는 평범한 사실도 확인하게 됐다. 그 점을 깨닫고 나니 다시 어느 회사에 들어간다고 해도 그것은 제2의 인생으로 가는 길목의 징검다리 정도에 불과하다는 생각이 들었다. 그 생각 덕분에 새로운 회사에서 2년을 더 지내면서 그동안 나도 모르게 어깨에 지고 있었을지 모를 세상의 시선을 포함한 많은 것들을 좀 더 쉽게 내려놓을 수 있게 되었다.

다시 돌이켜보면 한 달 보름이라는 그 짧았던 순간 나를 지켜준 것은 친구도 동료도 후배도 아니었다. 그동안 천천히 내 생활 속에서 자라온 커피에 대한 기대와 열정이 나를 지켜주었다. 지금도 가끔 삶이 힘들고 무의미하다는 생각에 아침에 눈조차 뜨기 싫은 날이 있는데, 그때마다 다시 내 눈을 번쩍 뜨이게 하고 기운을 내서 침대에서 뛰어내리게 하는 것도 커피다. '아, 지금 당장 뜨거운 커피 한잔을 마시면 숨을 좀 쉴 수 있을 것 같은데……' 하는 생각만으로도 입안에 침이 절로 고이고 번쩍 눈이 떠지면서 침대에서 일어나게 된다. 심지어 잠이 오지 않는 밤에는 커피를 연하게 내려서 마시면 잠이 더 잘 오는 비과학적인 습관까지 생겼다.

—— 바리스타 창업반 과정에
   등록하다

—— 처음에 집사람은 은퇴 후 세무사나 회계사를 하지 않고 살겠다는 내 의견에 강력히 반대했다. 그러나 내가 대학원에서 커피를 전공해서 논문도 쓰고, 포기했던 임원 생활도 3년 더할 수 있게 되자 집사람도 내가 원하는 삶을 사는 것을 어느 정도 묵인하는 입장을 취했다. 그러다 여러 가지 이유로 예상보다 1년 일찍 회사를 그만두게 됐다. 세상의 모든 위기에는 위험과 기회가 함께 공존한다는 말은 사실인가 보다. 퇴직 후 갑자기 많은 시간이 생긴 나는 곧바로 대학원 동기가 추천해준 엠아이MI 커피학원 바리스타 창업반 과정에 등록했다. 엠아이커피학원은 생두 수입 회사 엠아이와 관계사여서, 이 학원에서 수업을 마치면 향후 카페를 경영할 때 생두 구입에 좀 더 유리한 조건을 기대할 수 있었다.

창업반에서는 먼저 에스프레소와 카푸치노를 만드는 것부터 시작해 포밍한 우유로 그림을 그리는 라테 아트까지 배웠다. 라테 아트 실력이 기대만큼 늘지 않아 수업이 없는 주중에 연습을 거듭하며 나름 열심히 노력했지만 가장 초보적인 단계인 하트와 로제타를 만드는 것도 내게는 결코 쉽지 않았다. 평소에 이런 일은 남보다 더 잘할 수 있을 거라고 믿어왔는데, 믿음과 능력은 별개인 듯싶었다. 그 외에도 카페모카, 프라푸치노, 캐러멜라테 등 에스프레소 베이스의 여러 레시피를 그곳에서 배웠다. 하지만 그곳에서 얻은 가장 큰 소득은 엠아이라는 국내 최대 생두 수입 회사와 좀 더 친밀한 관계를 갖게 되었다는 점이다. 나는 창업반 수업을 할 때 젊은 친구가 오면 반드시 에스프레소를 함께 배우도록 권하고, 학원은 내가 창업 과정을 수료한 곳을 추천해 주고 있다. 커피도 잘 배울 수 있지만 생두 수입 회사 엠아이와 좀 더 좋은 관계를 가질 수 있기 때문이다.

과거 평생교육원에서 만난 커피아카데미 원장님은 이 세상에서 진정한 커피는 에스프레소밖에 없다고 주장하던 분이었는데 나는 그 말에 100% 공감하지는 않는다. 하지만 개인적으로 에스프레소를 알아야 커피를 좀 더 확실하게 이해할 수 있다고는 생각한다. 그래서 내 나이 또래의 창업반 학생들에게는 본인이 원하는 경우에만 에스프레소 수업을 듣게 하지만, 젊은 학생의 경우에는 반드시 배워둘 것을 당부한다.

핸드드립 커피와 에스프레소 커피 사이에는 추출 방식 그 이상의 차이가 있다. 또한 본인이 직접 카페를 운영하게 되면 카페의 입지에 따라 어떤 입지에서는 에스프레소를 취급해야 하는 경우가 있고, 어떤 입지에서는 핸드드립이 더 유리할 수 있다. 만약에 유동 인구가 많은 번화가라면, 바쁜 손님들에게 더 적합한 커피는 말 그대로 에스프레소를 베이스로 한 커피일 것이다.

폴바셋 NC타워 선릉점의 경우, 손님이 밀리는 점심시간에는 추출에 다소 시간이 걸리는 핸드드립은 취급하지 않고 손님이 다소 뜸한 시간대에는 핸드드립을 제공하는 시간대별 차별화된 영업 전략을 취하고 있다.

핸드드립 전문가가 운영하는 대전의 한 유명 카페도 이러한 점을 고려한 전략으로 영업에 성공했다고 한다. 일본에서 핸드드립을 배워온 카페의 주인은 처음 가게를 오픈할 때 핸드드립만을 고집하지 않았다. 처음 개업한 곳 주변의 손님들이 에스프레소 베이스의 아메리카노를 주로 마시는 분위기라 일단은 에스프레소머신을 가지고 영업을 시작했다고 한다. 그 결과 아메리카노를 찾는 손님들의 니즈를 충족시키는 동시에 핸드드립을 진지하게 권유하는 영업 전략으로 핸드드립 전문 카페라는 명성을 얻게 되었다는 것이다.

이처럼 에스프레소는 영업 전략에 따라서 다양한 목적으로 사용될 수 있기 때문에 커피를 업으로 하는 사람이라면 에스프레소 추출 기술은 꼭 배워둘 필요가 있다.

엠아이커피학원에서 약 두 달간의 수업을 마치고 수료하는 날 집사람과 딸아이가 함께해주었다. 둘은 내가 만든 라테 아트가 형편없다고 맹비난(?)했지만 창업반 수료 사진을 찍고 근처 식당에 가서 맛있는 점심을 먹으며 나를 격려해주었다. 그날은 내가 커피와 함께 뭔가를 하고 살게 되리라는 것을 집사람과 딸아이가 어느 정도 인정하고 받아들일 준비가 되었음을 확신한 중요한 날이었다.

── 가족과 함께한 로스팅 수업

   ── 커피아카데미 원장님은 "로스팅은 섶을 지고 불속으로 뛰어드는 것과 같다"고 경고했지만, 난 로스팅을 배워야 커피를 제대로 이해할 수 있다고 생각했다. 우선 전광수 씨가 쓴 로스팅 관련 책들을 사서 읽었는데 실전 경험이 없어서인지 이해하기가 쉽지 않았다. 결국 집사람, 형과 상의한 후 프랜차이즈 카페를 할 것이 아니라면 로스팅을 직접 해야 한다는 결론에 도달했다. 시간이 있을 때 로스팅을 배워두고자 여러 지인들을 통해서 로스팅을 배울 만한 곳을 물색했다. 그 당시 시중에 유명한 로스터로 알려진 분들은 전광수 씨와 숯을 사용해서 커피를 볶는다는 서덕식 씨 등이 있었다. 우리는 수소문 끝에 한 지인이 추천해준 분당 '가비양'의 '커피 부띠끄 G'에서 로스팅을 배우기로 했다.

  일주일에 1회씩 8회 차로 진행된 로스팅 수업을 마친 후 우리가 내린 결론은 '로스팅은 섶을 지고 불속으로 뛰어드는 것보다 더 무서운 일'이라는 것이었다. 기계를 다루기 무서워하는 우리 형제와 집사람이 8주라는 짧은 기간에 로스팅머신을 다루는 방법을 제대로 익히는 일은 사실 불가능했다. 우리가 배운 일본 '후지로얄' 사의 로스팅머신은 생두 3kg을 한 번에 볶을 수 있는 크기였다. 흔히 말하는 '반열풍식' 머신이었는데, 우리는 투입하는 생두 종류와 양에 따라서 왜 투입 온도가 달라지는지, 언제 댐퍼를 열고 닫아야 하는지, 화력은 언제 어느 시점에서 어느 정도로 조절해주어야 하는지에 대해서 집중적인 교육을 받았다. 그러나 경험 부족으로 수업 내용을 정확하게 계량화할 수 없었을 뿐 아니라, 우리가 배운 머신과 다른 종류의 로스팅머신이나 다른 용량의 로스팅머신을 사용한다면 수업 내용을 곧바로 실전에 응용하는 일이 불가능할 것 같았다. 하지만 로스팅 수업 후 우리는 '이제 로스팅 수업이 끝났으니까 로스팅머신을 사면 어떻게든 생두를 볶을 수 있게 되겠지?'라는 믿어서는 안 될 믿음을 얻게 되었다. 아마 그런 점이 모든 교육의 가장 긍정적인 효과가 아닐까?

사실 로스팅 수업료가 싼 것도 아니고, 여러 명이 배울 필요는 없었다. 하지만 후에 가족이 함께 커피 관련 일을 하게 된다면 뭐든 서로 비슷한 수준의 지식과 경험을 공유해야 한다는 생각에 형과 나, 아내가 모두 함께 로스팅 기술을 배웠다. 지금 우리 카페의 로스팅은 형의 건강을 생각해서 내가 주로 하고 있지만 필요할 때는 형도 언제든 로스팅을 할 수 있다. 내가 장기간 여행이나 출장을 갈 수 있게 된 것도 이 때문이다. 집사람은 지금은 로스팅머신을 만지는 일을 귀찮아 하지만 몇 번만 연습하면 누구보다 완벽한 로스팅이 가능하다.

난 지금도 우리 파트너 3명이 함께 로스팅을 배운 일을 참 다행으로 생각한다. 로스팅은 커핑cupping이 기본이고, 많은 커핑은 로스팅을 잘하기 위한 전제 조건이기 때문이다. 가비양에서 로스팅을 배우면서 우리는 많은 종류의 커피를 볶고, 동시에 커핑을 하는 경험을 쌓았다. 그 결과 3명 모두 로스팅이 끝나고 나면 갓 볶은 원두로 커핑을 하고 우리가 볶아낸 원두의 맛과 향을 균형감 있게 표현할 수 있게 되었다. 한 원두에 대한 커피 결과를 3명이 서로 조정할 수 있는 능력이 생긴 것이다. 즉, 어떤 파트너가 '9' 정도의 강도로 시다고 느끼는 커피를 내 경우는 '7' 정도의 강도로 시다고 느낄 때가 그렇다. 여러 파트너가 서로의 커핑 결과를 조정하는 경험과 개별적인 커핑 능력을 보유하게 됨으로써 지금까지 우리 퀸 시바의 커피가 균형 잡힌 맛과 향, 궁극적으로는 우수한 품질을 유지하는 것이 가능했다.

그런데 막상 퀸 시바를 통의동 골목 안 3.5평 남짓한 가게에서 시작했을 때는 로스팅머신을 구입하는 비용도 부담스러웠을 뿐 아니라 둘 공간도 마땅치 않았다. 또 파트너 모두 그때까지는 로스팅에 대한 막연한 두려움이 있었다. 그래서 처음에는 로스팅머신을 사는 대신 한 로스팅 회사를 통해 우리가 원하는 스타일로 생두를 로스팅해서 공급받기로 했다. 집사람은 크게 반대했지만 머신을 둘 공간이 없었기 때문에 그 당시로는 대안이 없었다.

그런데 OEM으로 주문한 원두들은 같은 중량의 생두 가격의 3~4배 정도로 가격이 높음에도 불구하고 우리가 기대한 맛과는 큰 차이가 났다. 예를 들어 케냐에서 생산된 생두는 2차 팝핑이 지난 특정 포인트에서 로스팅해주기를 거듭 요청했지만, 그 회사의 로스터는 우리 요청에 귀를 기울이지 않았다. 결국 우리는 우리가 추구하는 커피 맛을 표현하기 위해서는 우리만의 로스팅 머신이 필요하다고 결론을 내렸다.

우리는 일단 로스팅머신을 설치할 공간을 물색했다. 하지만 추가 비용을 부담하지 않으면서 크기도 적절한 로스팅 장소를 찾는 게 생각만큼 쉽지 않았다. 그런데 마침 우리가 다니던 교회의 목사인 작은누나가 사정을 듣고 교회 내에 로스팅머신을 설치할 공간을 마련해주었다. 우리는 주로 일요일 예배가 끝난 후에 로스팅을 하곤 했는데 그때마다 누나가 함께 핸드 픽도 도와주고, 커핑에도 적극 동참해서 빠른 시간 내에 퀸 시바만의 커피 맛을 만들어가는 데 큰 도움을 주었다.

그다음으로는 로스팅머신을 선택하는 고민이 남았다. 로스팅머신은 원두의 맛과 품질에 지대한 영향을 주기 때문에 신중한 선택이 필요했다. 이미 카페를 운영하고 있는 대학원 동기 중 몇

몇은 독일제 3kg 용량의 프로밧Provat을 추천했으나 가장 많은 추천을 받은 머신은 국내산 태환이었다. 그러던 중 홍대 앞에서 카페를 경영하고 있는 지인으로부터 자기도 많은 고민 끝에 처음에는 1kg 용량의 터키산 '토퍼' 머신으로 로스팅을 시작했다는 이야기를 듣고 고민 끝에 우리도 동 기종의 로스팅머신을 구매하기로 했다. 마음 같아서는 토퍼 가격의 2~3배 되는 독일산 로스팅머신을 사서 손님들이 잘 볼 수 있는 곳에 설치하고 자랑하고 싶었지만, 경제성을 최우선으로 고려해 결정해야 했다. 또 가장 경제성 있는 로스팅머신을 사용해서 가장 맛있는 원두를 볶아보고 싶은 약간의 오기도 발동했다.

로스팅머신을 구입해 원두를 볶기 시작하면서 막연한 우려가 현실로 나타났다. 우리가 볶아낸 원두의 맛이 우리 기대와는 전혀 달랐던 것이다. 남들처럼 정상적인 커피 맛을 낼 수는 있는 것인지, 도대체 손님들에게 팔 수 있는 원두를 볶는다는 것이 가능한 것인지 이런저런 걱정으로 잠을 이루지 못할 정도였다. 가능한 한 빨리 맛있는, 아니 최소한 손님이 마실 수 있는 원두를 볶아야겠다는 조급함에 형은 로스팅머신이 설치된 교회에서 처음 두세 달은 밤을 새면서 원두를 볶았다. 갓 볶은 원두가 드럼에서 쏟아져 나올 때면 우리 모두 기도하는 마음으로 원두를 갈아서 커핑을 했다. 커피아카데미 원장님의 그 악의 없는 저주처럼 우리는 마치 '섶을 지고 불속으로 뛰어들고 있다'는 현재 진

우리의 첫 번째 로스팅머신인 1kg 용량의 터키산 '토퍼' 머신.

행형의 고통과 두려움에 떨어야 했다.

이때 확실히 알게 된 것이 로스팅에 관한 한 로스팅을 잘하는 지인들에게 자문을 구해도 별 소용이 없다는 것이었다. 사용하는 기계와 생두 종류가 서로 다르고, 로스팅머신이 설치된 공간의 크기, 배관의 길이와 위치, 통풍의 원활함 여부 등이 로스팅에 많은 영향을 주기 때문이다. 결국 내 로스팅머신으로 내가 사용하고자 하는 생두를 맛있게 볶을 방법은 스스로 찾을 수밖에 없다.

통의동 골목 안에서 처음 카페를 시작했을 때는 통상 교회 예배가 끝난 일요일에 로스팅을 했다. 커피가 맛있게 볶아졌다고 생각되면 한 주가 행복했지만, 아무리 노력해도 생각만큼 맛있는 원두를 볶지 못했을 때는 한 주가 고통 그 자체였다. 결국은 무리한 로스팅 시도로 형이 쓰러졌다. 카페에서 형이 근무하는 시간은 일주일에 5일, 오전 11시부터 오후 5시까지였지만 바 근무와 로스팅을 함께 하는 것이 형의 나이에 무리가 된 것이다. 이 사건으로 우리 파트너들은 업무를 재조정해야 했고, 로스팅은 내가 맡기로 했다.

지금도 가끔 아프리카 커피 투어 중 에티오피아에서 점심을 먹고 있는 내게 형이 로스팅머신이 갑자기 이상하다, 열심히 볶은 원두가 제맛이 안 난다, 하면서 걱정스러운 목소리로 전화했을 때가 생각난다. 아, 얼마나 답답하면 여기까지 전화를 했을

까? 무턱대고 로스팅머신을 산 게 잘못이었던 건 아닐까? 개업일은 다가오는데 그때까지 원두가 제대로 볶이지 않으면 어쩌지, 하고 먼 아프리카에서 가졌던 두려움이 아직도 가끔 머리와 가슴에서 재생되곤 한다.

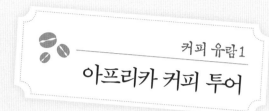

아프리카 커피 투어

비니엄 홍과의 만남

형과 나 그리고 아내의 로스팅 수업이 끝난 후, 《월간 커피》를 보다 아프리카 생두를 수입하는 '비니엄 인 아프리카'라는 회사를 발견했다. 회사 이름도 남다르고 아프리카 최고급 커피만 취급한다는 광고 카피를 보고 생두도 살 겸 집사람과 함께 양재동에 위치한 회사를 찾아갔다. 2012년 8월로 달이 바뀌어가던 즈음이었다. 그날 난 내 인생에 커피라는 커다란 화두를 던져준 '비니엄 홍'을 만났다.

우리는 첫 대면에서 짧지만 커피에 대한 각자의 생각을 교환할 수 있었다. 그를 만나던 날 난 새의 날개만 그려진, 아직은 '퀸시바'라는 이름만 존재하는 카페의 명함을 건네주고, 내가 하고 싶은 미래의 카페에 대한 개인적인 생각을 말해주었다. 그 당시

51

는 아직 완벽히 1인 카페 비즈니스 모델을 계획하고 있던 시점은 아니었지만, '아프리칸 커피하우스'라는 카페의 콘셉트는 어느 정도 정리가 된 상태였다. 나는 그에게 앞으로 작은 규모의 개인 로스터리 카페는 선택과 집중이 필요하다는 것과 그래서 아프리카 3개국 정도의 커피만을 취급하는 소위 '아프리칸 커피하우스'라는 콘셉트의 카페를 운영하고 싶다는 계획을 말했다. 대략 3개국, 총 여덟 가지 종류의 최고급 아프리카 커피를 서로 다른 맛과 풍미로 로스팅해서 고객들에게 선보이고 싶다는 이야기도 했다.

그는 아프리칸 커피하우스에 대한 내 이야기를 듣고 잠시 동안 고개를 숙이고 있었다. 그러더니 조금 화가 난 표정으로, 자신이 아프리카 생두만을 취급한 지 13년이 되었고, 자신도 나와 비슷한 생각으로 현재 아프리카 3개국 즉, 케냐, 탄자니아, 에티오피아 산 커피만을 취급하고 있다고 했다. 그러면서 언젠가는 조금 전 내가 설명한 것과 유사한 개념의 카페를 경영해보는 게 자신의 계획이었는데 마치 내가 자기 생각을 훔쳐간 것 같아서 자신도 모르게 좀 화가 났다고 웃으면서 말했다. 비니엄 홍은 화가 났을지 모르지만 나는 내심 기뻤다. 그동안 내가 정립해왔던 아프리칸 커피하우스에 대한 생각이 아프리카 커피 전문가의 입장에서도 어느 정도 매력 있는 콘셉트라는 것을 간접적으로 확인했기 때문이다.

그와 이야기를 나누는 동안 나는 십수 년 동안 구축한 그만의 커피 철학에 반해서 그가 계획하고 있던 10월의 아프리카 3개국 커피 투어에 집사람과 함께 참여하겠노라고 그 자리에서 망설임 없이 약속했다. 생두를 사러 들렀다가 생각지도 않던 커피 산지 투어까지 계획하게 된 것이다. 왠지 보이지 않는 힘이 나를 내가 가고 싶던 세계로 이끌어가고 있다는 느낌을 받았다.

비니엄 홍을 만나고 나서 지금까지 머릿속에만 존재하던 나만의 카페 즉, '아프리칸 커피하우스'를 현실에서 구현할 수 있을 것 같다는 확신이 들었다. 쉽지는 않겠지만 왠지 잘될 것 같다는 생각에 가슴이 뛰기 시작했다. 그리고 십수 년을 아프리카 커피에 빠져 살았다는 비니엄 홍에 대해 다시 한 번 생각해보았다. 40대의 대부분을 아프리카 커피의 발전과 새로운 맛을 발견하는 데 쏟아왔다는 이야기를 듣고 그가 부럽기도 하고 존경스럽기도 했다. 사람이 평생을 걸고 자기가 좋아하는 일에 모든 것을 바친다는 건 아무나 할 수 있는 일이 아니기 때문이다.

내가 아프리카 커피 농장 투어를 통해서 얻은 가장 소중한 것은 단연코 비니엄 홍과 아프리카 커피에 대해 많은 대화를 나눈 것이다. 참, '비니엄'이라는 에티오피아식 이름은 우리나라의 '철수'나 '영희'처럼 그 나라에서도 가장 흔하고 평범한 이름 중 하나라고 한다.

케냐의 커피조합 방문

2012년 10월 우리는 드디어 꿈에 그리던 아프리카로 떠났다. 마침 대한항공에서 케냐 직항 노선을 취항한 지 얼마 안 되는 시점이었다. 비행기는 텅텅 비어 있어서 우리는 한 줄에 한 명씩 누워서 갔다. 내가 "이러다가 케냐 직항 비행 노선이 없어지는 거 아닐까요?" 하고 걱정을 하자 승무원은 그저 웃기만 했다. 새벽 6시 우리는 드디어 말로만 듣던 케냐의 수도 나이로비에 도착했다. 공항에 내리자마자 한국 식당으로 갔다. 설렁탕을 한 그릇 비우고 나니 이제 이곳도 출근하는 시간이 된 듯싶었다. 러시아워를 피하기 위해 우리는 부랴부랴 케냐의 커피조합으로 갔다. 비니엄 홍의 친구들인 케냐 커피조합 간부들이 우리 일행을 반갑게 맞아주었다.

케냐 커피조합은 10여 명 정도밖에 안 되는 우리 일행을 위해 약 40종의 커피를 준비해놓고 있었다. 비니엄 홍으로부터 그 조합 간부들과 친구가 되기까지 10여 년의 시간이 필요했다는 이야기를 듣고 많이 놀랐다. 케냐는 탄자니아와 마찬가지로 150여 년간 영국의 식민 통치를 받았다고 한다. 그래서인지 케냐 사람들은 외국인들을 잘 믿지 않는다고 했다. 외국인들은 모두 자신들을 착취하려 든다고 생각하기 때문이란다. 일제강점기를 겪은 나라의 사람으로 외국인에 대한 그들의 반감이 공감이 가기도

케냐 커피를
커핑하고 있는 스칼렛.
▼

▲
케냐 커피조합에서 우리를 위해 준비한
40여 종의 커피 샘플들.

했다.

우리는 커핑을 마치고 커피 수확 장면이 나오던 영화, 〈아웃 오브 아프리카〉의 여주인공 '카렌'의 집에 들러서 영화 속에 등장했던 정원과 부엌, 집안을 관람하고 에티오피아로 가기 위해 서둘러 공항으로 떠났다. 나이로비의 도로는 거의 무법천지에 가까웠다. 신호나 차선은 거의 지켜지지 않았는데, 신기하게도 그 가운데에 일정한 룰이 존재하는 것처럼 보였다. 일찍 출발했음에도 불구하고 우리는 간신히 시간에 맞춰서 공항에 도착할 수 있었다.

커피의 성지를 가다

에티오피아의 아디스아바바 공항에 내리자 가슴이 좀 답답하게 느껴졌다. 나이로비가 해발 2,000미터가 넘는 고지대에 위치해 있기 때문이었다. 에티오피아에 간 첫 번째 목적은 예멘의 목동 '칼디'가 커피 열매를 처음 발견했다고 하는 전설의 '쪼째 Choche' 동산을 방문하는 것이었다. '쪼째'로 가기 위해서는 아디스아바바에서 버스로 12시간 넘게 떨어진 에티오피아 북서쪽 도시 '짐마Djimmah'로 가야 했다. 짐마는 와인과 같은 풍미가 일품인 짐마 커피로 유명한 곳이며, 커피 식물학으로 유명한 짐마 대학교가 있기도 하다. 우리는 밤늦게 짐마에 도착해서 호텔에 여장을 풀었다.

다음 날 아침 일찍 우리 일행은 버스를 타고 '쪼째'로 향했다. 쪼째까지는 2~3시간 정도가 걸린 것 같다. 커피의 성지임을 알려주는 낡은 표지판이 서 있는 곳에서 하차한 후 30분 정도를 완만한 커피나무 숲을 따라 걸어 올라가니 조그만 동산이 눈앞에 나타났다. 그곳에서 '칼디'라는 목동이 커피 열매를 먹고 춤을 추는 염소를 발견하고 그 열매를 이슬람 지도자에게 가져다준 것이 인간이 커피를 먹게 된 계기가 되었다는 전설이 있다. 그 전설의 동산에는 듬성듬성 크고 작은 커피나무가 심겨 있었고, 한구석에는 짓다 말았다를 반복한 듯 엉성한 골격뿐인 커피

◀ 짐마 거리에 있는
커피 주전자 '제베나'의
조형물.

▶ 커피의 성지
쯔째 동산에서.

박물관이 있었다. 주변 바위에는 낙서 같은 글들이 새겨져 있었
는데 아라비아어라 내용은 알 수 없었다. 우리 같은 사람이 아니
면 누가 찾을까 싶은 초라한 '커피 성지'였지만, 커피를 좋아하
는 사람들이라면 한 번쯤은 들려볼 만한 의미 있는 장소였다.

　나는 그때까지 순진하게도 사람이 처음부터 커피의 씨만을
교묘하게 발라내서 불로 볶아 지금의 원두처럼 먹었을 거라
고 생각했다. 그러나 그런 일은 '칼디'가 커피를 발견하고 대략
600~700년이 지난 1300년대에 와서야 가능했다고 하니, 커피
가 얼마나 오랫동안 인간에게 본모습을 드러내지 않았는지 알
수 있다. 커피콩을 볶아서 먹기 전까지 사람들은 커피체리를 말

려서 차로 끓여 마셨다. 지금도 예멘에서는 '키실'이라고 하는 말린 커피체리를 차처럼 끓여 마시는 과거의 방식으로 커피를 즐기고 있다.

쪼째에서 돌아온 다음 날 우리는 커피 세리머니Coffee Ceremony를 직접 경험하고 모카 하라라는 전설적인 커피를 경작하는 농장을 방문하기 위해 에티오피아 북동쪽에 위치한 '하라'로 떠났다.

에티오피아의 커피 세리머니

커피나무의 원산지답게 에티오피아인들은 하루에 한 번 커피 세리머니라는 의식을 통해서 '시니'라고 불리는 커피잔으로 3잔의 커피를 마신다고 한다. 이 의식은 주로 여성이 주관한다. 대부분의 가정에서는 커피를 두꺼운 프라이팬 비슷한 것으로 볶은 뒤 절구(무깨쟈)에 넣어서 절구 봉으로 빻는다. 그다음에 '제베나'라고 불리는 주전자에 물과 함께 넣어서 숯을 넣은 화롯불에 끓인 뒤 커피잔에 따라서 마신다.

하라에 도착한 다음 날 우리는 중산층에 속하는 한 원주민의 집에 들러서 말로만 듣던 커피 세리머니에 직접 참여했다. 에티오피아식 커피 추출 방법은 터키의 커피 추출 방법과 같이 물에 커피를 넣고 끓이는 방식이지만 터키의 예쁜 커피 도구들에 비해서 커피 추출 도구들이 더 거칠고 원시적으로 보였다. 그러나

▶
여성이 주관하는
에티오피아의
커피 세리머니.

'하라'의 한 가정집에서 전통 방식으로 추출한 커피의 맛은 비교할 바 없이 매력적이었다. 커피에 대한 에세이들을 읽다 보면 저자들이 일생에서 가장 맛있는 커피로 사막에서 만난 베두인족이 천막 안에서 끓여준 커피를 꼽을 때가 종종 있다. 나에게는 하라에서 커피 세리머니를 주관하던 여인이 끓여준 커피가 그때까지 내 삶에서 맛본 가장 맛있는 커피였다. 대학원에서 커핑을 가르치셨던 문준웅 교수님의 말씀이 떠오른다. 교수님은 커피를 좋아하는 사람들은 살아가면서 평생 동안 운이 좋으면 대략 세 번 정도 영원히 잊을 수 없는 커피를 맛볼 기회를 갖게 된다고 했다. 난 그때 문 교수님이 말한 세 번 중 첫 번째의 행운를 만났던 것 같다.

커피 세리머니를 마치고 우리는 하라 외곽에 위치한 한 커피 농장을 방문했다. 하라 커피는 모카 향이 두드러진 커피로 잘 알려져 있지만, 그 명성에 걸맞게 커피나무들이 상당히 가파른 언덕을 타고 자라고 있었다. 빈손으로 올라가는 것도 힘이 들 정도니 이 나무를 관리하고 커피체리를 수확하는 일이 얼마나 힘들지 짐작이 갔다.

많은 사람들이 '모카 하라'를 세계적인 커피 중 하나로 꼽는데 주저하지 않는다. 하라 커피 중에서 '진한 노란색을 띤 생두'는 보석 '호박Amber'과 비슷하다고 해서 '엠버 빈Amber Bean'이라는 애칭을 가지고 있는데, 이는 일반적인 그린색 생두에 비해서 좀 더 독특한 풍미를 간직한 것으로 알려져 있다. 아프리카산 생두를 주로 취급하는 비니엄 인 아프리카의 김영주 실장은 하라의 '엠버 빈'은 가공 과정이 끝났을 때 유독 금빛에 가까운 노란색으로 반짝이는 생두를 칭한다고 했다. 최근에는 이런 '엠버 빈'을 섞은 하라산 생두가 '모카 하라 골드'라는 이름으로 출하되고 있는데, 잘 볶으면 특유의 모카 향 외에도 입안에서 약하지만 이름 모를 꽃향기까지 살짝 느낄 수 있다.

우리 일행이 잘 익은 커피체리가 달려 있는 나뭇가지를 찾아서 사진을 찍고 있을 때, 움막으로 보이는 곳에서 아이들이 뛰어나왔다. '애들이 왜 저기서 나오지?' 하는 궁금한 마음에 불쑥 들어가 본 움막 안에는 놀랍게도 한편에는 가축들이, 다른 한편에는 사람들이 옹기종기 모여서 쉬고 있었다. 아이들은 우리가 함께 찍은 사진을 사진기의 '뷰파인더'로 보여주자 자신들의 앙증

◀ 하라의 한 커피 농가에서
만난 아이들.

맞은 모습에 깜짝 놀라는 표정을 지으며 즐거워했다.

견학을 마치고 타고 온 버스가 정차해 있는 장소로 가기 위해 가파른 언덕을 따라서 조성된 커피나무 사이를 다시 힘들게 내려왔다. 버스를 타고 하라의 재래시장을 지날 때 아욱같이 생긴 신선하고 상큼해 보이는 잎 푸른 채소들이 다발로 장터에서 거래되고 있는 것이 보였다. 마약의 일종인 '짜뜨Chat'라는 이름의 식물이라고 하는데, 품질이 좋은 하라산은 대부분 예멘으로 수출된다고 했다. 재배가 어려운 커피보다는 재배도 쉽고 높은 값을 받을 수 있는 짜뜨 재배가 인기를 끌면서 하라의 커피 농장들은 서서히 짜뜨 농장으로 바뀌어 가고 있다고 한다. 이러다가는 언젠가 세계적인 커피인 모카 하라의 생산이 중단될지도 모를 일이다. 커피를 사랑하는 한 사람으로 모카 하라라는 불세출의 커피가 제값을 받으면서 하라 지역의 특산품으로 계속 살아남길 바란다. 그래서 그곳 농부들의 생활이 지금보다는 개선되었으면 좋겠다.

우리 카페는 그전까지 '하라' 커피를 취급하지 않았지만, 비니엄 인 아프리카의 '모카 하라 골드'의 맛이 최고라는 소문에 귀가 솔깃해져서 2016년 2월부터 모카 하라 골드를 취급하고 있다. 다행히 모카 하라 골드에 대한 손님들의 반응이 뜨거워서 하라 커피를 로스팅할 때마다 불량 생두를 골라내는 손이 즐겁다.

케냐 오타야 커피조합

하라의 농장 방문을 마친 뒤 우리 일행은 다시 아디스아바바의 비니엄 홍의 집에 들렀다가 다음 날 케냐로 돌아와 한국인 부부가 경영하는 게스트하우스에 짐을 풀었다. 케냐 사람들은 수시로 '하쿠나 마타타'라는 말을 했다. 우리말로 '잘 될 거야' 혹은 '무슨 일 있겠어?'라는 뜻이라는데, 그 말의 이면에는 뭐든 100% 믿으면 안 된다는 뜻이 숨어 있다고 했다. 아니나 다를까, 다음 날 우리는 '오타야'라는 커피 산지로 가야 했는데, 전날 '하쿠나 마타타'라고 장담했던 버스 운전사가 연락이 두절된 채 나타나지 않았다. 이런 일에 익숙한 비니엄 홍의 순발력 덕분에 우리는 다른 버스를 임대해 차질 없이 대략 3~4시간 정도 떨어진 오타야로 떠났다.

오타야는 과거 케냐 커피평가대회에서 1등을 했던 지역이라고 한다. 우리는 비니엄 홍의 소개로 오타야 지역 커피조합 위원회 13인방을 만나서 인사를 나눴다. 교류한 지 10년 만에 비니엄 홍은 비로소 그 위원회의 13인으로부터 형제로 대우받는 의식을 치렀다고 한다. 그날 비니엄 홍은 염소 스튜를 만들어서 위원들의 입에 염소 고기 한 점씩을 넣어주는 것을 끝으로 서로 형제가 되는 의식을 마치고 오타야 지역의 최상급 커피를 수입할 수 있는 특권을 부여받았다고 했다. 퀸 시바에서는 2014년 '케냐 오타야 진가 퀸'이라는 멋진 커피를 다소 강배전해서 취급했고, 2015년에는 '케냐 오타야 루키라 골드'를 강배전해서 손님들에게 서비스했다.

사실 케냐는 커피 못지않게 차로도 유명하다. 오타야에서 돌아오는 길에 전남 보성에서나 볼 수 있는 멋진 차밭에 잠시 머물러서 사진을 찍었다. 우리 카페에서 만드는 차이라테는 '이베이'

▶
케냐 오타야
커피조합 간부들과의
기념 촬영.

에서 어렵게 구한 케냐산 차이라테를 사용하고 있다. 후에 국내의 '알마시엘로'라는 생두 회사에서 2015년부터 멋진 케냐산 티를 팔기 시작했는데, 내가 과거 '이베이'에서 산 케냐산 티와 같은 종류의 티도 그중 포함되어 있었다. 식품 편집숍인 '딘앤델루카'에서도 케냐산 티를 취급하고 있다. 코끼리가 그려진 상자에 포장된 케냐산 티의 가격은 좀 비싼 편이지만 한번쯤 마셔볼 만한 훌륭한 품질의 차다. 아프리카 여행 때 케냐의 초원에서 코끼리를 직접 눈으로 보지는 못했으나 오타야에서 보았던 넓은 커피 농장과 수세식 커피체리 공장, 수줍은 모습으로 오타야 커피를 내려주던 농장의 젊고 순박한 커퍼Cupper는 아직도 내 눈에 선하다.

다구치 마모루의 《스페셜티 커피대전》에서는 케냐 커피를 오래 볶을수록 맛있는 커피라고 소개하고 있다. 그의 조언에 따라서 퀸 시바는 오타야산 커피를 커피 오일이 살짝 보일 때까지 볶고 있다. 그 로스팅 포인트에서는 이제 막 발현되기 시작하는 쓴맛에 아직도 미미하나마 남아 있는 신맛이 기막히게 조화되어 케냐 커피를 좋아하는 고객들로부터 많은 호평을 받고 있다. 케냐 커피를 좋아하는 손님들은 퀸 시바의 쌉쌀하면서 목 넘김이 묵직한 케냐의 오타야산 커피를 마시고 기꺼이 엄지손가락을 들어준다. 바리스타에게 그 순간이 가장 행복한 순간임은 두 말할 필요가 없다.

탄자니아 모시 AA에 반하다

오타야 지역의 커피 농장 투어를 마치고 버스로 국경을 넘어 탄자니아로 갔다. 탄자니아에서의 숙소는 킬리만자로 등산로에서 버스로 10분 정도 거리에 있는, 객실이 10개 남짓인 자그마한 호텔이었다. 우리는 그곳에서 2박 3일을 머물렀는데 운 좋게도 쉽게 보기 힘들다는 킬리만자로의 눈 덮인 산봉우리를 이틀 연속 아침마다 볼 수 있었다.

내 관심 부족 탓인지 아직까지 탄자니아에서 명성을 얻은 스페셜티급 커피가 있다는 소식은 듣지 못했다. 다만 개인적으로 탄자니아 커피 중 킬리만자로 산자락에 위치한 모시Moshi 지역에서 만년설이 녹은 물로 가공한 '모시 AA'라는 브랜드의 커피를 좋아한다. 모시 AA는 영국 왕실에서 마시는 커피로도 잘 알려져 있다.

그런데 맛도 좋고 품질도 좋은 커피를 생산하는 케냐와 탄자니아인들은 정작 커피를 즐기지 않는다. 영국 지배의 영향으로 차를 더 즐겨서 그렇다고 한다. 탄자니아의 킬리만자로 산기슭에 위치한 호텔의 아침 식사는 프렌치토스트와 샐러드, 그리고 보온병에 담겨서 제공되는 맛있는 차이라테였다. 커피는 별도로 제공되지 않아서 우리가 준비해간 커피를 따로 만들어 마셔야 했다.

아프리카 커피 투어 당시 찍은 사진들은 퀸 시바의 취미반 커피 클래스 교육용으로 활용되고 있다. 그중에서도 에티오피아에서 찍은 커피 세리머니 장면이 가장 인기가 높다. 에티오피아 사람들은 커피 세리머니를 할 때 모든 방문을 닫아서 커피를 끓이는 화롯불의 숯이 뿜어내는 연기가 밖으로 세어나가지 못하게 한다. 신이 그 연기를 흠향해야 하기 때문이란다. 덕분에 눈이 메워서 우리 모두 눈물을 흘려야 했다.

에티오피아에서 제법 괜찮은 식당에 가면 식당 한편에 커피 바가 마련되어 있다. '바'라는 것이 특별한 것은 아니고 그냥 식당 한구석에 따로 만든 널찍하고 평평한 공간이라고 생각하면 된다. 그곳에 화롯불과 에티오피아식 주전자인 제베나, 그리고 커피를 가는 돌절구가 마련되어 있고, 앞쪽으로 팝콘이나 김치전 비슷한 간식이 함께 놓여 있다. 바의 정중앙에는 보통 가정에서 커피 세리머니를 하듯 숯불에서 커피를 끓이는 아낙네가 앉아 있다. 커피를 주문하면 대나무로 만든 넓은 쟁반에 커피잔 '시니'와 함께 커피를 넣어서 팔팔 끓인 제베나를 들고 와서 따라 준다. 보통 세 잔 정도는 마셔야 우리가 마시는 한 잔 용량의 커피를 마시게 되니 그 잔의 크기를 짐작할 수 있을 것이다.

에티오피아 국제공항 안에서도 전통 방식의 커피를 파는 카페를 발견할 수 있었다. 공항의 전통 카페는 다소 단이 높은 곳에 위치하고 있고, 손님들은 단 아래에 비치되어 있는 커피테이블에 앉아서 에티오피아의 바리스타 아낙들이 건네주는 전통 커피를 받아서 마신다. 보고 있으면 미소가 절로 지어지는 세상에서 가장 멋진 카페라는 생각이 든다.

우리 카페는 현재 수익의 일부를 에티오피아 어린이들을 후원하는 데 사용하고 있다. 그 나라 커피로 우리가 돈을 벌고 있기 때문이다. 지금은 십여 명의 어린이들을 정기 후원하고 있는데, 매달 백 명의 에티오피아 어린이를 후원하는 것이 최종 목표다.

아프리카 커피 투어의 가장 큰 소득은 내가 그동안 구상만 하고 있었던 아프리칸 커피하우스에 대한 개념을 공고히 하는 확실한 계기가 되었다는 데 있다. 가끔 카페 손님들 중에 중남미 커피를 찾는 분이 오시면, "우리 카페는 아프리카 3개국의 최고급 커피만을 취급하는 아프리칸 커피하우스입니다"라는 소개와 함께 자신 있게 아프리카 커피를 권한다. 어쩌면 손님들은 자신도 모르는 사이 아프리카라는 말에 매료될지도 모른다. 내가 그 '아프리카'라는 말에 반해서 아프리카 커피를 사랑하게 된 것과 마찬가지로 말이다.

▶
퀸 시바에서 후원하고 있는
에티오피아 어린이들.

2장

본격적인
창업 준비

비즈니스 모델 정립부터
가족 간 파트너십 구축까지

—— 벤치마킹
카페 투어

—— 1년 이른 퇴직으로 예상치 못한 시간 여유가 생기자 나와 형, 집사람은 창업의 모델이 될 만한 카페를 수소문해서 다니기 시작했다. 프랜차이즈 카페를 하는 것은 과거 레스토랑 투자 실패의 전철을 밟을 것 같다는 생각이 들었기 때문에 처음부터 염두에 두지 않았다. 내가 최종 목표로 삼은 것은 '1인 카페 창업 컨설팅 비즈니스'였기 때문에 카페는 나의 목표를 구체화해줄 하나의 창구로만 생각했다. 우리는 카페 투어를 통해서 커피 맛과 메뉴 구성, 마음에 드는 메뉴의 레시피와 가격, 매장의 위치와 크기, 종업원 수, 가구나 인테리어 소재 등을 눈여겨보고 참고가 될 만한 것은 사진을 찍어 자료화했다. 홍대 앞 카페 커피랩과, 상수동의 신발 공장을 개조해 만든 앤트러사이트, 지금은 없어진 강남역 사거리의 사이폰 전문 카페 레이나, 이름이 기억나지 않는 북촌의 1인 카페, 멋진 노년의 부부가 운영하는 교대 앞 바오밥나무, 건강빵과 커피의 조화가 예사롭지 않은 경기

도 성남시의 '팩토리 670', 분당의 '커피 부띠끄 G', 녹사평역 근처 '스탠딩 커피', 경리단길 한 평짜리 1인 카페 등 그 외에도 많은 카페를 직접 방문했다.

상수동 앤트러사이트는 새로운 카페 트렌드에 밝은 퀸 시바의 디자인 담당 파트너 에드워드가 우리에게 추천한 카페다. 과거 신발 공장이었던 공간을 카페로 만든 앤트러사이트는 일층과 이층으로 구성되어 있는데, 두세 가지 먹음직스러운 사이드 디시와 과거 신발 공장의 흔적을 일부 살린 로스팅 룸이 인상적이었다. 2층 벽에는 수준 높은 그림들이 걸려 있어 눈길이 갔다. 일상에 지친 사람이라면 편안한 테이블에 앉아 따뜻한 커피 한 잔을 마시며 쉬었다 가고 싶은 공간이었다. 뉴욕의 오래된 정육점이나 창고들이 멋진 가게로 변신에 성공했듯, 성수동의 많은 공장이 멋진 카페로 변신하게 된 동기를 부여한 카페라고 들었다. 수도권 외곽에 여유 있는 공간 사용이 가능한 카페를 하고 싶은 사람들이라면 참고할 게 많은 카페였다. 과거와는 달리 빈 창고나, 여러 가지 규제로 비어 있는 공장도 염두에 둘 수 있기에 선택의 폭이 좀 더 넓어질 거라 믿는다.

성남시 오포읍에 위치한 '팩토리 670'은 내가 많은 사람들에게 주말에 한번 놀러 가보기를 권하는 곳이다. 이곳은 분당 '커피 부띠끄 G'에서 로스팅을 배울 때 그곳 사장님으로부터 소개를 받아 가본 곳이다. 분당에서 차로 10~15분 거리에 위치해 있는데 과거 공장으로 사용되었던 곳을 카페로 만들었다고 했다. 내가 수년 전 처음 그곳을 방문했을 때는 공장 안쪽에 커다란 로스팅머신이 있고, 메인 커피 메뉴는 태국 치앙마이에서 생산되는 명품 커피 '도이창'이었다. 그리고 멀리까지 찾아온 손님들을 위해서 천연효모 '르방'으로 빚어낸 호밀빵과 무화과빵 등 몇 안 되는 종류의 건강빵을 간단하게 제공하고 있었다.

그런데 2015년 초여름 팩토리 670에 다시 가보니 카페가 건강빵을 위주로 한 브런치 카페로 변신해 있었다. 과거와 달리 공간도 커다란 로스팅 룸과, 커피를 내리는 바, 그리고 전문 베이커리 공간과 30~40명이 앉을 수 있는 테이블 등 크게 네 개의 공간으로 구분되어 있었다. 신선한 샐러드를 곁들인 브런치 메뉴는 2~3가지 정도로 간단했는데 가격 대비 맛이 좋았다. 한쪽에서는 듬성듬성 자른 건강빵과 커피를 식사 대용으로 먹고 있는 여성들이 눈에 띄었다. 아쉬운 것은 과거 카페의 시그니처 커피였던 태국의 도이창 커피를 더 이상 마실 수 없다는 것이었다. 하지만 여전히 좋은 커피를 에스프레소머신과 핸드드립 기구를 이용해서 손님에게 제공하고 있었다. 도이창 커피를 취급하는 카페가 신세계백화점 본점에서 소공동 조선호텔로 접어드는 길목에 곧 오픈한다는 소문을 들었다. 가게가 오픈하면 그곳에 들러 과거 팩토리 670에서 맛보았던 도이창 커피의 맛과 새로 문을 연 카페의 커피 맛을 비교해보고 싶다.

팩토리 670은 커피와 제빵을 함께하는 카페를 계획할 때 많은 아이디어를 제공해줄 카페라고 생각한다. 나는 이 카페의 건강 빵에 반해서 형에게 언젠가 필요할지 모르니 제빵사 시험에 도전해볼 것을 권유했고, 형은 노력 끝에 세 번 만에 시험에 합격했다. 형은 현 카페의 임대 기간이 종료되는 2년 후를 대비해서 하루에 4~6개 정도의 빵을 굽는 연습을 하고 있다. 그중 2개 정도는 손님들에게 제공하고 있는데, 손님들의 긍정적인 반응에 우리 모두 고무되어 있다. 나중에 매장을 조금 더 넓힌다면 간단한 건강빵을 사이드 디시 메뉴에 넣어보고 싶다.

선릉의 '커피 볶는 집'은 내가 선릉 근처 회사에 근무할 때 자주 가던 로스터리 카페다. 그 당시는 로스터리 카페가 매우 드문 시절이었다. 커피 볶는 집은 7평 내외로 낮 시간대에는 여성 바리스타 혼자서 카페를 운영하는 일종의 1인 카페였다. 로스팅머신은 터키의 '하스가란티Hasgaranti'를 사용하고 있었고, 에스프레소머신은 다소 보기 드문 모델인 이탈리아의 '라 파보니La Pavoni'를 사용하고 있었다. 나는 이 기종의 가정용 모델을 가지고 있는데, 커피 추출을 자동으로 해주는 것이 아니라 긴 막대기같이 생긴 압력 조절 장치를 위에서 아래로 제법 세게 눌러야 커피가 추출된다. 여성이 사용하기에는 다소 무리라고 생각하지만, 머신이 외관상 클래식하게 보이는 장점이 있다. 로스터리 카페의 이미지와 잘 어울리기 때문에 이 모델을 선택했을 거라는 생각이 들었다.

이 카페에서는 에스프레소 이외에도 칼리타 드리퍼를 이용한 핸드드립 커피도 함께 취급하고 있었는데, 손님들은 주로 핸드 드립 커피를 주문해서 마셨다. 그 당시 회사 주변에서 유일하게 핸드드립 커피를 취급하는 카페여서 점심식사 후 커피를 좋아하는 직원들과 자주 찾았고, 필요한 원두도 모두 이곳에서 조달해서 사용했다. 낮 시간에 있는 30대 초반의 여성 바리스타는 카페 주인의 처제라고 했다. 2인용 테이블 두세 개에 총 좌석이 열 개 정도밖에 안 되는 작은 카페라서 바쁜 점심시간에는 주문이 밀려 기다리기도 했지만 그 기다림조차 나는 좋았다. 선릉 주변에 다른 프랜차이즈 카페가 많이 들어선 뒤에도 손님들이 일단 이 카페에 먼저 들렀다가 자리가 없거나 기다리는 시간이 길어질 것 같으면 그때서야 다른 카페로 자리를 옮기는 것을 보고, 핸드 드립 커피가 대중화되기 시작했다는 것을 피부로 느낄 수 있었다. 이 카페를 자주 이용하게 되면서부터, 언젠가 카페를 한다면 이렇게 원두를 직접 볶는 로스터리 카페라야 경쟁력도 있고 재미도 있겠다는 생각을 하게 됐다. 지금의 퀸 시바가 핸드드립 커피 전문점으로 탄생하게 된 계기를 제공한 카페라고 할 수 있다. 그 밖에도 내가 구상했던 1인 카페의 가능성을 보여준 카페이기도 하다.

우리 카페의 커피 메뉴 레시피를 확정할 수 있게 도와준 카페는 강남역 근처의 '카페 레이나'다. 2~3년 전에 창업반 학생들과 방문했는데 카페는 사라지고 그 자리에 패스트푸드점이 입점해 있었다. 나중에 한 커피 전문 잡지에서 레이나가 중국에 진출했다는 소식을 들었다. 한때 우리 파트너들이 메뉴로 고려했던 사이폰 커피의 맛을 잡지 못해 고민하고 있을 때, 대학원 동기 한 분이 레이나를 소개해주었다. 2012년 한여름 레이나의 커피 맛을 보기 위해서 형, 나 그리고 집사람이 함께 카페로 몰려갔다. 우리는 맛이 궁금했던 사이폰 커피를 주문했는데, 주문을 받은 남자 바리스타가 지금은 사이폰 커피를 내려줄 수 없다고 했다. 이유를 물었지만 종업원은 대답 대신 그저 웃기만 했다. 할 수 없이 그 카페의 커피 맛을 가늠해볼 예가체프를 뜨겁게 한 잔, 차갑게 한 잔 주문해서 마셨다.

그렇게 아쉬운 마음을 달래며 커피를 마시고 있는데 남자 바리스타가 와서 이제 사이폰 커피를 내려줄 수 있으니 주문하시겠냐고 물었고, 조그맣고 당차게 생긴 여성 바리스타 한 분이 다가와 사이폰 커피 주문을 받아갔다. 처음에 사이폰 커피 주문이 불가능했던 이유를 알 것 같았다. 남자 바리스타가 자기 전공이 아닌 부분에 대해서는 과감히 주문을 거절했던 것이다.

레이나의 여성 바리스타는 국내 사이폰 커피 대회에서 2년 연속 우승한 경력이 있었다. 우여곡절 끝에 우리는 그 여성 바리스타로부터 사이폰 커피의 맛을 극대화할 수 있는 일본 스타일의

‘팔자수염’ 기법을 전수받을 수 있었다. 그때까지 우리가 추출한 사이폰 커피의 맛은 왠지 너무 날카로웠는데, 팔자수염법으로 사이폰 커피를 추출하자 날카로웠던 맛이 감쪽같이 사라졌다. 지금 우리는 그때 배운 일본 스타일의 추출법뿐 아니라 아메리칸 스타일의 추출법까지 사용해서 사이폰 커피를 추출하고 있다.

그 외에도 우리는 레이나에서 적용하고 있는 드립 커피 레시피, 즉 적절한 커피의 분쇄도와 원두의 양, 커피 추출량과 최적의 물 온도 등에 대한 많은 정보를 배울 수 있었다. 또한 참고용으로 레이나에서 사용하는 커피의 분쇄 샘플을 얻어오기도 했다. 그때 경험을 살려서 나는 퀸 시바 취미반에서 핸드드립을 배우는 수강생들에게 적절한 굵기로 간 커피 샘플을 꼭 가져가서 참고하기를 권하고 있다.

레이나는 우리가 퀸 시바의 드립 커피 레시피를 결정할 때 많은 영감과 실질적인 도움을 주었다. 그렇게 멋진 카페가 어느 날 갑자기 사라진 데는 비싼 임대료가 이유였을지도 모른다. 많은 건물주가 장사가 좀 된다 싶으면 임대료를 올리는 경향이 있다. 임대인이 슈퍼 ‘갑’으로 군림하는 사회적 분위기는 좀 바뀔 필요가 있다고 생각한다. 나는 언젠가 레이나가 중국에서 성공해서 다시 한국에 멋진 카페를 오픈하기를 기대한다. 과거 나를 설레게 했던 그 멋진 사이폰 커피를 다시 맛보고 싶기 때문이다.

마지막으로 소개할 카페는 내가 손꼽는, 서울에서 가장 작지만 가장 아름다운 카페다. 녹사평역에 소재한 스탠딩 커피를 지나서 첫 번째 삼거리가 나오면 우측으로 길을 틀어야 이 카페로 갈 수 있다. 그 삼거리에서 우회전한 뒤 500미터가량 올라가면 너무 작아서 눈에 힘을 주고 찾아야 발견할 수 있는 작은 카페가 하나 나온다. 멋진 청년 바리스타가 운영하는 이 카페의 크기는 한 평 남짓으로 바리스타가 몸을 틀 수 없을 정도로 비좁다. 겨울에는 문 앞에 투명한 비닐를 치고 장사를 하는데, 비닐 장막을 들치고 들어서면 카페 안으로 두 명 정도가 서 있을 수 있는 공간이 있다. 벽 쪽으로는 작은 의자가 놓여 있어 원하면 앉을 수도 있다.

바리스타 방향에서 보면 앞쪽으로 에스프레소머신이 놓여 있고, 그 우측으로 아주 작은 싱크대가 설치되어 있다. 위치가 경리단길과 연결되어 있어서인지 외국인 단골이 많다고 했다. 우리 일행이 에스프레소 한 잔과 아메리카노 한 잔을 시켜서 마시고 있는 동안 동네 아주머니가 라테 두 잔을 주문해 들고 나갔다. 이탈리아 수입 원두를 사용한 에스프레소에는 진한 초콜릿 맛이 났다.

한번은 창업반 수강생들과 그곳을 찾았는데 분명히 있어야 할 장소에 카페가 보이지 않았다. 두 눈에 힘을 주고 두어 번 정도 길을 오르내린 끝에 간신히 카페를 찾을 수 있었다. 바리스타는 지난해보다 약간 몸이 불어 있었다. 내가 손님이 없을 때 일어서

서 간단하게 할 수 있는 운동 동작 몇 가지를 알려주었다. 나는 창업반 학생들에게 꼭 그 카페를 방문해볼 것을 권한다. 커피를 사랑한다면 카페의 크기는 중요하지 않다는 것을 알려주고 싶어서다.

—— 매장 임대 조건 점검

—— 세밀한 계획을 세우진 않았지만 로스팅을 배운 후 우리는 2012년 8월 말부터 가게를 알아보기 위해 슬슬 시동을 걸었다. 그때까지 우리 중 누구 하나 가게를 얻어본 경험이 없었기 때문에 가게라는 것이 경제적인 여유가 있고 원하기만 하면 적당한 가격의 목이 좋은 장소에 쉽게 구해질 거라고 순진하게 생각하고 있었다. 먼저 카페나 레스토랑, 사무실 등의 인테리어 자문 경험이 풍부한 에드워드(후에 퀸 시바의 디자인 담당 파트너가 되었다)로부터 우리에게 적합한 카페의 몇 가지 조건에 대한 조언을 받았는데 다음과 같았다.

첫째, 자영업을 목표로 하고 있으므로 카페는 집에서 가까울수록 좋다.

둘째, 예산에 제한이 있으니 카페 위치는 임대료가 비싼 대로변은 가능한 한 피한다.

셋째, 로스터리 카페를 목표로 함으로 로스팅에 제약이 없어야 한다.

넷째, 전기 용량이나 배수 설비 여부를 미리 확인하면 비용을 절약할 수 있다.

우리는 우선 사는 곳 주변인 잠실의 석촌 호수 근처와 신천역 쪽 가게들을 돌아보았다. 그때 내가 가장 놀랐던 것은 임대 매물로 나온 물건이 거의 없다는 점이었다. 잠실 주변에 그렇게 많은 가게들이 있는데, 왜 임대 매물로 나온 가게가 몇 안 되는지 도저히 이해가 되지 않았다. 어렵게 빈 가게를 소개받고 서둘러 가보았는데, 이면 도로에 위치한 이 매장은 대략 평수로 계산해보면 월세는 평당 10만 원 이내, 권리금은 평당 200만 원 정도였다. 아직 나만의 카페 비즈니스 모델이 정립되기 전이라 내게 그 가게는 임대 조건에 비해서 너무 작고 초라해 보였다.

그다음으로는 에드워드와 함께 내 전 직장이 있는 선릉역 쪽으로 가보았다. 잠실에서 그다지 멀지 않고 유동 인구가 많으며 그쪽이면 아무래도 전 직장 동료들의 응원도 가능할 것 같아서였다. 그곳 복덕방에서 새로 지은 건물의 20평 정도의 공간을 소개받았다. 그런데 입구가 지면에서부터 세 계단 정도 올라가 있고 층고가 낮아서 에드워드가 계약에 반대했다. 부동산에 밝은 그의 말에 따르면 입구가 도로보다 높으면 사람들이 들어오는 것을 꺼려한다는 것이다. 또한 층고가 낮은 집은 소리가 울리고 실내가 답답해 보일 수 있기 때문에 조용하고 쾌적한 분위기가 필요한 카페로는 적합하지 않다고 했다. 그런 단점에도 불구하고 임대 조건은 잠실 쪽에서 본 곳들보다 더 나빴다. 새 건물이었고 이전 직장에서 그다지 멀지 않은 곳이어서 마음에 들었지만, 많은 카페와 상가들을 인테리어 해본 경험이 있는 에드워드의 말을 듣지 않을 수 없었다.

그곳 외에 소개 받은 곳은 주변에 제법 알려진 음식점들이 모여 있는 이면 도로에 위치한 곳이었는데, 30평 정도에 주차도 2대 가능했다. 월세는 약 350만 원, 권리금은 7,000만 원 정도였다. 이 가게의 임대 조건을 듣고 나니 그제야 정신이 바짝 들었다.

수천만 원대의 권리금에 보증금, 그리고 30평 크기의 가게에 필요한 인테리어 비용과 집기와 비품 비용, 그리고 매장 크기에 맞게 종업원 2~4명 정도 고용해야 하는 비용 등 대략만 생각해도 월 고정비가 급여 400만 원, 월세 350만 원, 감가상각비 300만 원 외에 기타 관리비 등을 고려하면 매월 1,200만 원 정도는 들 것으로 추산됐다. 만약에 이것이 가능하다는 전제조건으로 커피 등의 음료 원가가 40%라고 한다면 최소한 손익분기

점에 도달하기 위해서는 월 매출이 최소한 3,000만 원이어야 하고, 만약 커피 한 잔을 5,000원에 판다고 가정하면 한 달에 6,000잔을 팔아야 했다. 30일을 근무한다고 보면 하루에 200잔을 팔아야 적자를 보지 않게 되는 수준이다. 즉, 하루 최소 매출이 100만 원 이상, 최소 200잔을 팔아야 손익분기점에 도달한다는 계산이 나왔다.

이런 숫자가 추산되자 지금까지 생각지도 못했던 두려움이 일었다. 은퇴 후에 큰 위험 없이 하고 싶은 일을 하면서 살고 싶었을 뿐인데 임대 조건 등을 알아보다 보니 단순하게 생각했던 일에 이렇게나 많은 위험이 내포되어 있다는 것을 새삼 깨닫게 된 것이다. 위치가 좋은 곳에 큰 카페를 운영하기 위해서 생각보다 많은 돈을 투입하게 된다면, 그것은 내가 원하는 놀이가 아니라 사업을 하게 되는 셈이었다. 만약 놀이가 아닌 사업을 하게 된다면 내가 인생 2막에서 추구하려던 '하고 싶은 일을 하면서 행복해지기'라는 단순한 삶의 명제를 잃어버릴 것이 확실해 보였다. 다시 처음으로 돌아가서 내가 커피를 통해서 뭘 원하는지를 점검해볼 필요가 생겼다.

나는 어떤 카페를
하고 싶은가

—— 선릉의 30평대 가게의 임대 조건에 놀란 나는 은퇴 후 '행복'에 초점을 맞춘 삶을 살기 위해서는 내가 하고 싶은 일에 대한 비즈니스 개념을 먼저 정립할 필요가 있음을 깨달았다. 또한 하고 싶은 일이 사업이 아니라 놀이에 가까운 것이어야 한다는 것도 재확인했다. 그러자 2012년에 강릉 테라로사가 개최한 세미나에서 한 발표자가 인건비와 임대료 등의 부담으로 우리나라도 머지않아 일본처럼 1인 카페가 성업할 것이라고 이야기한 것이 불현듯 떠올랐다. 아무래도 투자 금액을 줄이기 위해서는 우선 카페 규모가 작아야 한다는 생각에 그동안 카페 투어에서 1인 카페로 눈여겨보았던 카페들을 다시 한 번 방문하기로 했다.

선릉의 1인 로스터리 카페는 대략 7평 남짓인데, 로스팅머신은 밖에서 잘 보이는 창가에 설치되어 있었다. 인기에 힘입어서 곧 2호점을 양재에 오픈한다는 반가운 소식도 있었다. 스탠딩 커피에도 다시 가보았다. 매장 크기가 3~4평 정도인 이 카페는 매장 안에 테이블이나 의자가 없는 테이크아웃 전문점이라 할 수 있었다. 스탠딩 커피는 주요 고객인 미군들을 고려한 다소 큰 컵과 푸른색 레몬에이드가 지나가는 사람들의 발걸음을 붙잡는 아주 트렌디한 카페였다.

북촌의 1인 카페는 대략 6평 정도였는데 아마추어들이 만든 저렴한 장신구 등을 함께 파는 일종의 숍인숍shop-in-shop개념의 카페였다. 주요 설비라고는 그라인더와 서버, 칼리타 드리퍼가 전부였다. 에드워드와 내가 케냐 두 잔을 주문했는데 가격이 생각보다 비쌌지만 그 만큼 맛이 뛰어났다. 에드워드 말로는 이 가게가 북촌에서는 제법 유명한 카페에 속한다고 했다. 그리고 녹사평역 근처의 1인 카페도 다시 한 번 방문했다. 바리스타가 기분 나쁘지 않게 월세와 월 매출 등을 둘러서 물어보았는데 예상 외로 둘 다 높았다. 매출이 높은 것은 좋은 소식이었지만 그렇게 작은 가게도 임대료가 제법 높다는 사실은 좋은 소식이 아니었다.

그동안 알고 지냈던 서울의 이름난 1인 카페를 다시 한 번 세심히 살펴보고 와서 파트너들에게 매장의 임대 조건을 설명하고 어떤 카페 비즈니스를 할 것인지를 논의했다. 그 결과 평범한 개인들이 은퇴 후에 즐기면서 일하기에 적합한 카페 비즈니스는 그동안 염두에 두고 검토해왔던 1인 카페가 적합하다는 결론에 도달했다. 1인 카페라면 우선 매장이 클 필요도 없고 종업원도 필요 없다. 당연히 임대료나 권리금도 낮고, 매출이 높지는 않겠지만 위험도 크지 않아서 즐기면서 일할 수 있을 거란 확신이 들었다. 이후 연구와 논의를 통해 우리는 은퇴 후 소자본으로 자신이 좋아하는 일을 하면서 진정한 행복을 찾고자 하는 이들에게 적합한 3가지의 비즈니스 모델들을 완성했다.

── 경쟁하지 않음으로써
살아남기

──── 퀸 시바 파트너들과 나는 소자본으로 창업을 준비하는 은퇴자들이 쉽게 접근할 수 있는 우리만의 '1인 카페 비즈니스 모델'을 만들되, 그것이 어느 정도 경쟁력을 갖춰야 한다고 생각 했다. 1인 카페라는 작은 규모로 주변에 산재해 있는 국내외 대형 프랜차이즈 카페들과 경쟁에서 살아남기 위해서는 그들과 직접 경쟁하기보다 경쟁하지 않음으로써 경쟁력을 가지는 방안을 찾아야 했다.

조그마한 1인 카페가 치열한 카페 시장에서 살아남기 위해서 는 경영학에서 배운 가장 기본적인 원칙 즉, 선택과 집중 그리고 차별화가 필요하다. 실제로 통의동에 위치한 퀸 시바가 지금까 지 주변 500미터 이내에 산재해 있는 50여 개의 카페들과의 경 쟁에서 살아남을 수 있었던 중요한 경쟁 요소들을 정리하면 다 음과 같다.

첫째, '아프리칸 커피하우스'라는 슬로건에 걸맞게 취급하는 원두를 아프리카 3개국으로 제한했다. 그리고 취급하는 원두의 맛을 누구나 쉽게 구분할 수 있도록 생두를 구성하고 생두 특성 에 따라서 각기 다른 로스팅 포인트를 적용하기로 했다. 작은 카 페에서 너무 많은 종류의 원두를 취급하는 것은 자본이나, 인력

면에서 효율적이지 않다고 생각했기 때문이다. 그래서 취급하는 원두에 대한 맛 지도Map of Coffee Taste를 강한 맛과 중간 정도의 강한 맛, 그리고 부드러운 맛 등 3가지로만 그리기로 했다. 강한 맛을 대표하는 원두로 케냐를 선택해서 다소 강하게 로스팅하고, 중간 정도의 맛을 대표하는 원두로는 탄자니아를 선택해 케냐보다는 로스팅 포인트를 낮추어 두 원두의 맛이 확연히 구분되도록 했다. 그리고 부드러운 맛을 대표하는 원두로는 에티오피아 커피를 선택했다. 에티오피아 커피는 워시드 방식과 내추럴 방식*으로 가공한 원두를 두루 취급해서 생두별 고유한 맛과 풍미를 최고로 발현할 수 있는 로스팅 포인트를 찾아서 볶기로 했다. 다만, 선택과 집중을 위해서 케냐와 탄자니아는 각 1종만을 사용하되, 맛과 향이 다양한 에티오피아 커피는 대략 6~7가지 정도를 번갈아 취급해서 손님들의 다양한 기호에 맞출 수 있도록 했다.

카페 규모에 맞지 않게 지나치게 많은 종류의 원두를 취급해서 효율성이 떨어지거나, 취급하는 원두 가짓수도 적은데 커피 맛까지 비슷비슷한 카페들은 손님 입장에서는 그다지 큰 관심을 끌지 못한다. 퀸 시바의 파트너인 에드워드는 사업차 강릉에 갔다가 일행 여섯 명과 함께 테라로사에 들러 서로 다른 커피를 주

---

*워시드 방식은 커피체리에서 과육을 제거한 후 발효조를 통해 점액질을 제거한 다음 세척하여 생두를 가공하는 방식이고 내추럴 방식은 커피체리를 햇볕에 자연 건조시킨 뒤 껍질과 과육을 벗겨내어 생두를 가공하는 방식이다.

문해 마신 경험이 있다고 한다. 그 이야기를 듣고 내가 "커피가 맛있던가?"가 아니라, "혹시 여섯 잔의 커피 맛이 모두 다르던가?"라고 물었던 기억이 난다. 에드워드도 사실 커피 맛을 비교해 보기 위해 각기 다른 커피를 주문했고, 마셔보니 놀랍게도 각 커피의 맛이 구분이 가능할 정도로 달랐다고 했다.

퀸 시바처럼 작은 카페에서는 너무 많은 종류의 원두를 취급하는 것이 경제적으로나 서비스 차원에서나 효과적이지 못하다. 한 지인은 어느 카페에 들렀다가 평소에 잘 먹어보지 못한 커피를 주문했는데 볶은 지 오래되었는지 그 맛이 무척 실망스러웠다고 했다. 작은 카페는 공간의 제약으로 많은 손님을 맞이할 수 없고, 따라서 너무 많은 원두 종류를 취급하게 되면 빨리 소진되지 않은 원두가 생길 수밖에 없다. 그렇게 되면, 어쩌다 잘 팔리지 않는 커피를 호기심 차원에서 주문한 손님이 오래된 커피 특유의 맛과 향으로 큰 실망을 하게 된다. 따라서 작은 카페는 취급하는 원두의 종류를 최소화하는 선택과 집중이 반드시 필요하다.

퀸 시바에서는 처음 오는 손님들에게 우리 카페에서 가장 자신 있는 커피를 권한다. 그리고 우리의 시그니처 커피에 익숙한 단골손님들을 위해서는 몇 가지 다른 에티오피아 커피를 번갈아 취급하고 있다. 물론 에티오피아 커피와 확연히 다른 다소 강한 커피 맛을 원하는 손님들을 위해서는 탄자니아와 케냐 커피를 권하고 있다. 사실 작은 카페에서 자신 있는 커피 2~3가지만 있으면 손님들의 입맛을 사로잡는 일은 어렵지 않다. 필요하다면 기존의 커피를 블랜딩해서 손님의 입맛을 사로잡을 수도 있다. 퀸 시바의 경우 에티오피아의 '콩가'와 '아리차'를 적절히 블랜딩한 원두를 '콩아리'라는 아주 특이한 이름으로 취급하고 있는데 그 구수한 맛을 남자 손님들이 아주 좋아한다. 이처럼, 단골손님이 커피 맛에 싫증 내지 않도록 시그니처 커피 외의 커피 메뉴에도 끊임없이 변화를 주는 것이 생존을 위해서는 꼭 필요하다.

둘째, 추출 방법을 차별화했다. 퀸 시바는 에스프레소머신이 없는 핸드드립 커피 전문점이다. 대부분의 대형 카페들이 에스프레소를 기초로 한 커피를 주 메뉴로 하고 있기 때문에 그들과 추출 방법을 차별화하기 위해서 핸드드립을 전문으로 하는 커피숍을 생각하게 된 것이다. 그 결과 에스프레소머신을 사용하지 않는, 통의동 유일의 핸드드립 전문 카페가 되었다.

셋째, 사용하는 대부분의 생두를 차별화했다. 카페에서 사용하는 생두는 가능한 한 대형 프랜차이즈들이 사용할 수 없는 소량만 생산되는 스페셜티급 생두를 주로 구입해서 좀 더 색다른 커피 맛을 추구하는 고객들의 욕구를 충족시키고 있다.

넷째, 핸드드립의 단점인 추출 속도를 개선했다. 향을 위주로 하는 커피는 고노드립을 사용하되 기존의 고노드립법을 기본으로 해서 추출 시간은 줄이고 맛은 유지하는 퀸 시바만의 드립법을 개발한 것이다. 또한 2인용 드립, 3인용 드립, 4인용 드립 등에 대한 레시피와 각 용도에 적절한 추출 도구를 수많은 시행착오 끝에 선정했는데, 이는 모두 추출 시간을 줄이되 커피의 맛과 향은 유지하는 방향으로 차별화했다. 요즘은 하루 종일 손님들이 붐벼서 사이폰을 사용하지 못하고 있지만, 한때는 손님이 뜸한 오후 6시에서 8시 사이를 사이폰 타임 존으로 정해서 사이폰 커피를 선보였는데 손님들 호응이 좋았다. 이렇게 손이 많이 가는 추출 방법은 타임 존을 구분해서 사용하는 것이 작지만 다양성을 추구해야 하는 1인 카페가 고려해봄 직한 판매 전략이다.

다섯째, 여름의 주 메뉴를 더치커피로 삼아서 대형 카페들의 아이스 아메리카노와는 완연히 다른 맛의 메뉴를 신속히 제공할 수 있도록 했다. 여름에는 찬 음료의 매출이 전체 매출의 70% 정도를 차지한다. 따라서 찬 음료를 신속하게 만드는 것이 여름 매출을 늘리는 주요한 경쟁 요소가 된다. 우리 카페의 더치커피는 맛은 차별화하고 속도는 더 빠른 더치 추출의 장점을 고려해 선택한 결과이다.

여섯째, 레몬에이드나 레몬차 등 커피 외 음료는 건강을 고려해서 모두 직접 정성을 들여 제조함으로써 대량생산되는 제품과 시럽 등을 사용하는 다른 프랜차이즈 카페 메뉴와 차별화했다.

일곱째, 스콘과 비스코티, 레몬파이 등 사이드 디시 메뉴는 건강을 고려해서 가능한 한 직접 만들어서 사용해 차별화했으며, 마카롱처럼 부득이 외부에서 구매하는 메뉴는 시중에서 맛과 품질이 최고로 인정받은 것만 사용해서 고급화했다.

여덟째, 카페가 작아서 바 공간이 협소하기 때문에 커피 외 음료는 건강에 좋은 레몬을 베이스로 해서 다양화했다. 사계절 내내 사용하는 허브레몬, 겨울에는 감기 예방에 효과가 좋은 생강을 활용한 진저레몬, 봄에는 향이 감미로운 대만산 식용 장미를 활용한 로즈레몬, 여름에는 상큼한 라임과 민트를 활용한 라임레몬 등으로 메뉴를 다각화했다. 여름철 빙수 또한 '레몬 베리 빙수'라는 이름으로 갖가지 베리류와 허브레몬티 시럽을 이용해 라인업했다. 가게가 작고 메뉴 개발에 필요한 인력 또한 제한적이기 때문에, 레몬을 베이스로 메뉴를 다양화해 나가는 것이 선택과 집중이라는 경영 전략에 부합된다고 생각해서 결정한 결과다.

2015년《월간 커피》가 자체 조사한 자료에 따르면 여름 빙수의 성공 요건은 다른 카페의 빙수를 흉내 내거나 트렌드를 좇아가기보다 자기만의 빙수를 개발하는 데 있다고 한다. 퀸 시바의 모토는 '우리만의 것'으로, 개발과 적응에 다소 시간이 걸리지만 그 결과는 남다를 수밖에 없다.

아홉째, 주문 받는 요령을 차별화했다. 여름을 예로 들면 손님에게 일단 차가운 커피와 따뜻한 커피를 고르도록 한다. 만약 차가운 커피를 주문하면 먼저 모든 커피를 아이스커피로 제공 가능하다는 말과 함께 더치커피도 함께 추천한다. 만약 손님이 더

퀸 시바에서는 건강에 좋은 레몬을 베이스로
사계절 각기 다른 건강 음료를 선보이고 있다.

치커피를 주문하면, 꽃향기나 과일 향 그리고 캐러멜 맛이 특징인 더치커피 등 대략 4가지의 더치커피를 소개해서 손님들로 하여금 고르는 재미와 고통(?)을 함께 주고 있다. 물론 이런 장황한 소개를 하기 위해 말을 많이 해야 하는 바리스타는 지치고 힘들지만, 가끔 "지난번에 꽃향기 나는 더치를 마셨으니까 이번에는 과일 향의 더치를 주세요" 하는 손님을 만나면, 바리스타의 기쁨은 배가 된다.

만약 손님이 따뜻한 커피를 선택하면, 강한 맛의 커피와 부드러운 맛의 커피 중 어느 것을 마시겠느냐고 물어본다. 만약 강한 커피를 선택하면, 좀 더 강하게 로스팅한 케냐와 좀 더 부드럽지만 강하게 로스팅한 탄자니아 중 하나를 고르게 한다. 만약 부드러운 커피를 고르면, 꽃향기, 과일 향, 쌉쌀한 맛, 달콤한 맛 등 크게 4가지로 구성된 맛 지도를 제시해서 손님이 그중 하나를 고르게 하고 있다. 대부분의 손님들은 다소 복잡한 주문을 마치고 나면 자신이 고른 커피 맛에 잔뜩 기대를 갖게 된다.

퀸 시바에서는 이렇게 차별화된 주문 방식으로 바리스타가 짧지만 손님과 교감할 수 있는 시간을 갖게 된다. 이 주문 받는 방식의 차별화가 우리 퀸 시바를 빠른 시간 내에 통의동에서 사랑받는 카페로 만들어주었다.

🌑 퀸 시바에서 제공하는 커피의 맛 지도와 커피 주문받는 요령

맛 구분	산지	상세 구분(맛, 향)	생두 종류
아주 강한 맛의 커피	케냐	진한 초콜릿과 체리쥬블레의 맛과 향	케냐 오타야 루키라 골드
살짝 강한 맛의 커피	탄자니아	스모키한 캐러멜과 땅콩버터의 맛과 향	모시 AA
부드러운 맛의 커피	에티오피아	꽃향	코케 허니, 게이샤, 하치라
		과일 맛과 향	쳄베, 네키세, 아리차
		구수하고 쌉쌀한 맛	콩가
		상큼한 단맛	코케 포레스트
		모카 향	모카 하라

① 손님에게 먼저 상기 세 가지 맛 중 어떤 맛의 커피를 선호하는지 묻는다.

② 손님이 첫 번째의 '아주 강한 맛의 커피'를 선택하면 케냐의 스페셜티 커피 '오타야 루키라 골드'를 추천하면서 오일이 살짝 비칠 때까지 진하게 볶은 커피라고 부연 설명 한다.

③ 손님이 두 번째의 '살짝 진한 맛의 커피'를 선택하면 탄자니아의 모시 AA를 추천하면 서 2차 파핑이 본격적으로 시작된 시점을 로스팅 포인트로 한, 커피 본연의 캐러멜 맛 과 향이 두드러진 커피라고 부연 설명한다.

④ 손님이 세 번째의 '부드러운 맛의 커피'를 선택하면, 주로 에티오피아산 커피를 미디 엄 로스팅했다는 설명과 함께 꽃향기, 과일 맛과 향, 구수하고 쌉쌀한 맛, 상큼한 단 맛, 모카 향 중에서 다시 하나를 선택하게 한다. 그리고 손님이 그중에 하나를 선택하 면 해당되는 커피를 추천한 뒤에 다시 어떤 꽃향이 지배적인지 어떤 과일 맛이 도드라 지는지 좀 더 자세히 부연 설명한다.

—— 1인 카페 비즈니스의 모델과 모델별 투자 비용

—— 대형 카페와의 경쟁에서 살아남기 위해서 선택과 집중 그리고 차별화에 대한 정리를 끝내고 우리는 그것들을 구현할 수 있는 비즈니스 모델 정립에 들어갔다. 카페 투어의 경험과 1인 카페 시대의 도래, 그리고 작은 카페의 경쟁 우위 전략 등을 고려해서 다음과 같이 3가지 비즈니스 모델을 정립했다.

1인 카페 모델No.1

크기가 좀 더 작아서 정확이 이 모델에 부합하는 것은 아니지만, '통의동 111번지'에서 문을 연 우리의 첫 카페가 이 모델의 플래그십 스토어이다. 이 모델은 아프리카 3개국의 스페셜티 커피를 주로 취급하는 1인 카페로 주로 바의 기능이 강화된 모델이다. 따라서 원두는 다른 곳에서 직접 볶거나, 아니면 취급하고자 하는 원두의 로스팅 포인트를 확정하고 OEM 방식으로 원두를 볶아다가 사용해야 한다.

이 모델의 성패는 카페가 로스팅 후 1~2주 내의 신선하게 볶은 커피만을 사용한다는 메시지를 확실하게 고객에게 전달할 수 있는지 여부에 달려 있다. 프랜차이즈 카페 할리스처럼 카페가 사용하는 커피에 대한 메시지를 고객에게 정확하게 알려주는 것이 중요하다. 예를 들면, '우리는 볶은 지 ○○일 내의 원두만 사용하고 있습니다.' 혹은 '우리는 볶은 지 ○○일이 지난 원두는 사용하지 않습니다'라고 고객들에게 적극적으로 알리는 것이 그 한 방법이다. 또한 이 비즈니스 모델은 바의 기능이 강화된 모델이므로, 가능한 한 바 맞은편에 손님이 앉아서 바리스타와 정서적 교감을 할 수 있도록 해야 하며, 카페의 크기는 대략 1인 바리스타가 컨트롤 가능한 7평에서 10평 정도가 적당하다.

모델 No.1에 해당하는 카페를 만들 때, 보증금과 권리금 등을 제외하고 필요한 예산은 총 5,550~6,200만 원이 예상된다. 용도별로 구분해보면 다음과 같다. 우선 퀸 시바의 경우 이동이 가능하면서 힘 있는 바를 만들기 위해서 대략 600~800만 원 정도를 투자했다. 커피 맛에 가장 큰 영향을 주는 그라인더에는 대략 150만 원에서 300만 원 정도의 투자가 예상된다. 참고로 퀸 시바는 드립용 그라인더 중에서 가장 인기가 높은 그라인더를 사용하고 있는데 300만 원 정도가 들었다. 그 외에 제빙기와 빙삭기, 온수기 및 냉장고와 쇼케이스, 사이폰과 드립워머, 드립머신, 기타 소모품 등에 800~900만 원가량이 든다.

10평 정도의 카페에 소요되는 인테리어 비용은 승압, 전기공사, 배수 등을 포함할 경우 평당 300만 원 정도 예상되므로 인테리어 비용은 총 3,000만 원 정도로 예상할 수 있다. 그 외에 에어컨과 테이블 및 의자를 구입하는 데 1,000~1,200만 원이 소요된다. 이러한 비용을 모두 합하면 10평 정도의 1인 카페를 개설하는 데 드는 비용은 집기 비품용으로 대략 2,550~3,200만 원, 그리고 인테리어 비용으로는 대략 3,000만 원, 합이 총 5,550~6,200만 원이다

1인 카페 모델 No.2

이 비즈니스 모델은 비즈니스 모델 No.1과 거의 유사하지만, 카페의 주요 기능을 로스팅 활동에 맞춘 점만 다르다. 따라서 로스팅머신이 반드시 카페 안에 설치되어야 한다. 이 경우 카페 밖에서 보이는 곳에 로스팅 룸이 있다면 고객을 끌어들이는 효과도 클 것이다. 따라서 카페는 로스팅머신을 설치할 공간을 포함해서 모델 No.1보다는 대략 2평 정도가 더 크면 좋다.

이 모델은 로스팅 기능이 핵심 역량이 되어야 한다. 따라서 카페가 로스팅 룸을 카페 전면에 배치함으로써 직접 로스팅한 신선한 원두를 사용하고 있다는 메시지를 고객에게 정확히 전달할 필요가 있다. 또한 단골손님들로부터는 특정 생두에 대해서 좀 더 가볍게 볶아줄 것인지, 좀 더 강하게 볶아줄 것인지를 주문받아서 맞춤형 로스팅을 해줄 수 있는 장점을 상품화하는 것이 가능하다. 이 모델 역시 아프리카 3개국 스페셜티 커피를 주로 취급하는 1인 카페이며 핸드드립이 주된 커피 추출 방법이다.

모델 No.2에 필요한 예산은 상기 모델 No.1에 예상되는 비용

에 추가로 로스팅 룸을 만드는 데 필요한 비용을 합한 금액으로 추산된다. 로스팅 용량 1kg인 로스팅머신과 제연기를 설치하기 위해서는 2평 정도의 공간이 더 필요하다. 추가된 공간에 대한 인테리어 비용 600만 원 외에 로스팅머신과 제연기, 그리고 배관을 설치하는 데 소요되는 비용을 고려해야 하는데, 퀸 시바의 경우는 로스팅 룸에 필요한 설비 등을 구입하는 데 1,400만 원 정도가 들었다. 결과적으로 로스팅 룸을 만드는 데 예상되는 총비용은 대략 2,000만 원으로 추산된다. 로스팅 룸으로 인한 추가 비용을 고려하면 1인 카페 모델 No.2를 개설하는 데 예상되는 총비용은 7,550~8,200만 원이 될 것이다. 만약 카페가 길가 등에 있어서 로스팅 시 발생하는 연기와 냄새를 제거하기 위한 제연기 설치가 필요 없다면 로스팅 룸을 설치하는 데 예상되는 비용은 1,500만 원 정도로 제연기 구입에 필요한 비용 400~500만 원을 절약할 수 있다.

1인 카페 모델 No.3 (=모델 No.1+모델 No.2)

비즈니스 모델 No.3는 재정적으로 여유가 있거나, 부부 혹은 형제자매가 함께 카페를 경영할 때 가능한 모델이다. 이 모델은 모델 No.1과 No.2를 합친 것으로 매장 크기가 20평 내외면 적당하다. 내 경험상 20평이 넘어가면 바리스타 2명이 관리하기에 역부족이다. 따라서 부부가 카페를 운영하고자 할 경우 인건

🖤 1인 카페 모델별 예상 창업 비용*

모델별	특징	필요 면적	주요 장비	예상 투자액**
모델 No.1	바 중심형	10평 내외	바, 핸드드립 전용 그라인더, 제빙기, 빙삭기, 온수기, 냉장고, 쇼케이스, 드립워머, 사이폰, 테이블과 의자, 기타 준비금	인테리어 비용(평당 300만 원) 포함하여 5,550만 원~6,200만 원
모델 No.2	자가 배전 중심형	12평 내외	1kg 용량의 로스팅머신(토퍼)과 같은 용량의 제연기 추가	인테리어 비용(평당 300만 원) 포함하여 7,550만 원~8,200만 원
모델 No.3***	모델 No.1과 No.2를 합친 형태	20평 내외	1kg 용량의 로스팅머신(토퍼)과 같은 용량의 제연기 추가	인테리어 비용(평당 300만 원) 포함하여 대략 1억 원 내외

* 퀸 시바에 실제 투자된 비용을 기초로 함.
** 임대보증금과 권리금은 제외했다.
*** 부부가 함께 근무하는 것을 전제 조건으로 한 모델이다.

비를 줄이고 손님들에게 만족한 서비스를 제공하기 위해서는 20평 내외가 적당하다.

이 모델은 바 기능과 로스팅 기능이 둘 다 가능한 비즈니스 모델이다. 따라서 당연히 카페 안에 로스팅머신이 설치되어야 하고, 바쁘지 않은 시간대에는 손님들이 바에 앉아서 바리스타와 정서적으로 교감할 수 있어야 한다. 또한 비즈니스 모델 No.2처럼 특정 생두를 고객에게 맞춤형으로 볶아주는 서비스를 제공할 수 있다.

대략 20평 규모의 모델 No.3을 개설하는 데 예상되는 비용은 상기 모델 No.2에 예상되는 비용에 추가되는 면적 8평에 대한 인테리어 비용 2,400만 원(평당 300만 원 추가)과 공간이 늘어나면서 추가로 구입해야 할 테이블과 의자 비용으로 대략 200~300만 원 정도가 추가될 것으로 예상된다. 즉, 다른 변수가 없다면 모델 No.3에 예상되는 총 비용은 대략 1억 원 내외가 될 것이다.

── 투자금 안전하게
회수하기

── 상기 모델 3가지에 소요되는 예산은 퀸 시바의 경우를 참고한 것으로 실제는 다소 차이가 있을 수 있다. 1인 카페가 경쟁력을 갖추기 위해 꼭 필요한 인테리어 비용이나 커피의 맛과 관련한 집기 비품 등을 마련하는 데 드는 비용 이외에는 가능한 한 불필요한 비용 지출을 삼가야 한다. 카페 오픈에 드는 비용을 줄일수록 카페 경영에 대한 위험은 낮아지고 수익률은 높아지기 때문이다.

나는 은퇴 후 제2의 인생에서 가장 위험 요소가 적고 재미있는 비즈니스 모델은 모델 No.2라고 생각한다. 가장 경쟁력이 있으면서도 투자 금액을 줄일 수 있기 때문이다. 또 부부가 함께하면 교대로 개인 시간도 만들 수 있는 규모이기도 하다. 상기 예에서 보면 대략 12평 정도의 카페를 임대하는 데 보증금을 5,000만 원으로 가정한다면, 1인 카페 모델 No.2를 개설하는 데 예상되는 금액은 총 1억 2,000~1억 3,000만 원으로 추산된다.

적자만 나지 않는다면 보증금 5,000만 원은 임대 기간이 종료되면 회수될 금액이니 자산으로 보면 된다. 따라서 대략 5년간 매장 임대가 가능한 것으로 가정하면, 5년 임대 기간 중 회계 및 세무 상 감가상각비로 비용 처리될 총 금액은 7,000~8,000만 원이다. 동 금액을 예상 임대 기간 5년으로 나누면 임대 기간 중 매년 1,400~1,500만 원의 비용이 감가상각비로 비용화되는 것으로 계산할 수 있다. 총 투자 규모는 작지 않지만 월로 환산할 경우 매달 약 120만 원 정도만 감가상각비로 비용화된다. 이 비용은 회계적으로는 추가로 현금 지출이 수반되는 비용은 아니지만, 동 금액을 매달 현금으로 사업 투자자에게 상환하게 되면 5년 뒤 투자자는 투자금 전액을 회수하게 된다. 따라서 회계적으로 감가상각비를 고려한 후에 적자만 나지 않는다면 총 투자금은 임대 기간 종료와 함께 전액 회수된다고 볼 수 있다.

나는 이런 점을 고려해서 1인 카페를 경영할 때 무엇보다 투자금을 안전하게 회수하기 위해서는 총 투자금을 대략 5년의 임대 기간으로 안분한 금액[회계상 월 감가상각비=(총 투자액/총 임대 월 수)1을 매월 말 현금으로 투자자에게 상환할 것을 적극 권유하고 있다. 그러나 이러한 계산이 가능하기 위해서는 임대 기간이 최소 5년은 되어야 한다. 따라서 카페를 임대할 때, 현행법 상 임차인이 5년간 임대를 할 수 있다는 법적 권리와는 무관하게 최소한 5년 정도 무리 없이 임대가 가능한지를 미리 확인하는 것이 중요하다. 혹 권리금을 지불해야 하는 임대계약이라면, 나중에 권리금의 회수가 가능한지 주변 부동산에 미리 관련된 시장 조사를 해두길 바란다.

만약 임대계약을 할 때 건물주가 확정적으로 임대 기간을 결정해버리면, 회계 상 월 감가상각비는 이때 확정된 임대 기간으로 안분해서 결정해야 하되, 확정된 임대 기간이 5년이 넘는 경우는 5년으로 안분해서 처리하면 큰 무리가 없을 것으로 보인다. 다만 법적으로 5년을 보호받는 임대차계약 등에 대해서는 관련 법인 〈상가건물 임대차보호법〉을 꼼꼼히 읽어보고 임대차계약 시 법적으로 사용 가능한 임대 기간이나 법적으로 보호받을 수 있는 임대료 증액 한도 등에 대해서 미리 공부해둘 것을 조언하고 싶다.

커피 전문 잡지 등에서 보면 카페가 활성화된 홍대 앞 상권 등에서 진행되고 있는 임대차계약과 관련된 많은 이야기들을 접할 수 있다. 〈상가건물 임대차보호법〉이 발효되었음에도 불구하고 많은 카페 점주들이 부동산 소유주의 과한 욕심으로 고통받고 있다는 이야기도 있다. 이상한 것은 매장 소유주가 카페 점주를 여러 가지 방법으로 괴롭힌다는 등 소문이 좋지 않은 매장은 알아서 임대차계약을 피해야 할 텐데, 직전 점주가 쫓겨나면 너무나 쉽게 다음 임차인이 입주를 한다는 사실이다. 이러한 사실은 부동산 임대차계약 전 에 부동산 중개인에게 소유주에 대한 소문을 미리 물어보거나, 직전 혹은 그 직전 임차인의 임대 기간 등이 얼마 동안이었는지를 물어보면 그 내막을 어느 정도 짐작할 수 있을 텐데 말이다.

2015년 여름 압구정 로데오거리를 우연히 가보았다. 젠트리피케이션이 일어났던 그곳에는 한때 끝없이 치솟던 임대료로 인해 많은 점포들이 비어 있었다. 소상공인들이 안심하고 최소 5년은 같은 장소에서 영업을 할 수 있기 위해서는 지금보다 좀더 현실적인 임대차보호제도의 개선이 필요하다. 더불어 소상공인들이 모여서 유명해진 거리 등은 대기업들이 쉽게 진출할 수 없도록 소상공인을 보호해주는 현실적인 제도적 장치도 시급해 보인다.

건강한 카페 운영의
노하우

——— 1인 카페를 할 때 고려해야 할 중요한 부분은 근무 시간이다. 중년 이후 창업한 경우라면 하루 8시간은 넘지 않도록 근무 시간을 조정하는 것이 필요하다. 건강을 지키기 위해 손님이 드문 이른 아침이나 늦은 시간은 과감히 영업을 포기하는 것도 방법이다. 퀸 시바의 경우 처음 카페를 운영할 때 점심 해결이 가장 중요한 숙제였다. 만약 도시락을 싸서 다니기로 했다면 자극적인 냄새가 나는 반찬은 지양해야 한다. 손님이 드문 시간을 골라서 과감히 식사 시간이라는 메모와 함께 가게 문을 닫는 것도 방법이다. 대부분의 단골들은 바리스타가 점심을 먹는 시간을 기억하기 때문에 단골을 놓칠 위험은 없지만, 우연히 들른 몇 안 되는 손님은 포기할 각오를 해야 바리스타의 건강을 유지할 수 있다. 그리고 저녁 시간에는 과일이나 우유, 그래놀라 등으로 일단 공복을 달랜 다음, 집에 가서 제대로 된 식사를 하기를 권한다. 집이 가깝다면 남편 혹은 부인이 저녁 도시락을 싸오고, 남은 시간에 함께 카페에서 로스팅을 하는 것도 좋다.

2017년 5월 현재 통의동 1-7번지에 있는 퀸 시바는 No.3의 플래그십 스토어이다. 2.5평 정도의 로스팅 룸이 길가에 위치하고 있어서 지나가는 손님들이 원두 향기를 맡거나 로스터가 원두를 볶는 과정을 볼 수 있다. 지금 카페의 공간을 바 이외에 4인용 테이블을 2~3개 놓을 수 있는 8~10평 정도의 규모가 되도록 분할하면 모델 No.1이 된다. 그리고 모델 No.1에 2.5평 규모의 로스팅 룸을 가져다 붙이면 대략 10~12.5평 규모의 모델 No.2가 된다. 모델 No.1과 로스팅 룸, 그리고 2인용 테이블 3개가 놓인 5평의 입구 쪽 공간을 합치면 당초 내가 고안한 20평 규모의 모델 No.3보다 조금 작은 현재의 규모가 된다. 모델 No.3의 경우 최소한 바리스타가 2명 이상 필요하기 때문에 모델 No.3를 택할 경우 바리스타 2명이 컨트롤 가능한 최대한의 평수인 20평 규모의 공간을 선택하는 것이 좋다.

모델 No.1과 모델 No.2는 전형적인 1인 카페 모델이지만 어떤 비즈니스 모델이든 가장 이상적인 운용 방안은 부부가 함께 카페를 운용하는 것이라고 생각한다. 비록 부부 중 한 사람이 카페를 전담해서 경영하기로 했다 하더라도 아침 일찍 청소나 로스팅 등 힘든 일은 남편이 하고, 손님이 붐비는 점심시간대에는 부부가 함께 근무를 한 후 점심을 번갈아 먹고, 손님이 뜸한 시간인 오후 한나절에는 부부 중 어느 한쪽은 잠시 쉬거나 개인적인 볼일을 해결할 수 있으면 좋다. 저녁 시간에 부인과 남편 중 한 사람이 집에 들어가서 저녁 식사 준비를 하고 서로 식사 교대를 하거나, 아니면 두 부부가 나란히 가게를 정리하고 난 뒤에 함께 저녁 식사를 즐기면 더 좋을 것이다.

—— 가족과도
수평적으로 일하기

—— 내가 인생 2부에서 하고 싶었던 일은 우리가 정립한 비즈니스 모델에 관심이 있는 분들에게 창업 컨설팅을 하는 일이라는 것은 앞서 밝힌 바 있다. 우리의 창업 컨설팅 프로그램은 크게 1)로스팅과 커피에 대한 일반 이론 2)브루잉(커피 추출) 3) 커피 외 음료와 사이드 디시 실기 4) 인테리어에 대한 제언 등으로 구성되어 있다. 우리는 이러한 창업 교육을 효과적으로 수행하고, 플래그십 스토어 퀸 시바를 효율적으로 경영하기 위해 파트너십을 도입하기로 했다. 즉, 퀸 시바 4명의 파트너들은 서로 역할만 다를 뿐 수평적인 관계로 일하고 있다. 각자의 주된 역할은 창업 컨설팅을 효과적으로 수행하기 위해서 각자의 소질을 고려해서 결정했다.

먼저 첫 번째 파트너인 나 '브라이언'은 대학원에서 커피를 전공했다. 컨설팅 등에 대해서는 회계법인에 근무하면서 자연스럽게 경험을 쌓을 기회가 있었다. 1인 카페 비즈니스 모델을 다른 파트너들과 함께 개발했으며, 창업 컨설팅 교육과 관련해서는 커피 이론과 로스팅 교육을 담당하고 있다. 내 교육 목표는 수강생들에게 아프리카 커피만을 취급하는 1인 카페의 장단점을 이해시키고 수강생들이 퀸 시바에서 취급하는 원두와 비슷한 맛과

퀸 시바 카페 창업 컨설팅에서 로스팅 교육과
커피 일반 이론 수업을 맡고 있는 나, 브라이언.

향을 지닌 원두를 로스팅할 수 있도록 훈련시키는 것이다.

나는 모든 수강생들에게 커피를 배우는 목표를 본인이 제3자에게 커피에 대한 교육을 할 수 있을 정도의 능력을 배양하는 것에 두라고 권하고 있다. 목표를 높게 잡으면 커피에 대한 공부와 지속적인 카페 투어, 커피 산지 투어의 필요성을 스스로 깨닫게 되기 때문이다.

두 번째 파트너이자 내 친형이기도 한 '헨리'는 창업 컨설팅 프로그램에서 커피 추출 즉, 브루잉을 담당하고 있다. 칼리타, 고노, 하리오 드리퍼를 이용한 다양한 드립법을 가르치고, 모카마스터나 케멕스, 사이폰을 이용한 추출법도 가르치고 있다. 또한 미래의 사업 확장 가능성을 대비해 제빵사 자격증도 미리 취득해놓았다. 물론 바리스타 자격증도 가지고 있다. 수강생이 원한다면 에스프레소에 대한 교육도 가능할 정도로 이론과 실기 실력을 겸비하고 있다.

헨리는 내 대학원 논문의 자료 준비와 분석을 도와주면서 자연스럽게 커피에 대해서도 해박한 지식을 갖게 되었다. 우리가 헨리를 '커피 박사'라고 부르는 것은 이러한 이유에서다. 커피에 대한 이론적인 역량을 바탕으로 헨리가 개발한 퀸 시바의 독창적인 핸드드립법은 많은 훈련과 이해가 필요하다. 따라서 우리는 수강생들이 4개월 이상의 OJT(현장 실습 교육)를 통해서 손님을 응대하고, 주문을 받고, 커피를 추출하고, 커피를 서빙하는 퀸

여러 추출 도구를 사용한 브루잉 교육을 담당하고 있는 헨리.

시바 나름의 문화를 몸에 익히도록 시간과 공간을 허용하고 있다. 이러한 학습 과정을 성실하게 마치고 나면 학생들은 자신의 카페에서 손님에게 곧바로 훌륭한 맛의 커피를 품위 있게 제공할 수 있게 된다.

내 아내이자 세 번째 파트너인 스칼렛은 한식 요리 자격증과 바리스타 6개월 트레이너 교육 과정, 로스팅 교육 과정을 정식으로 마쳤으며 우리 중 가장 뛰어난 미각을 소유하고 있다. 퀸 시바의 차별화 정책에 가장 큰 기여를 하고 있는 스칼렛은 창업 컨설팅 교육에서 커피 외 음료 제조법과 건강에 초점을 맞춘 홈메이드 스타일의 스콘, 비스코티, 쿠키, 레몬파이 등 발효하지 않고 제조가 가능한 디저트 제조법을 가르치고 있다. 한때 카페 청소 요령까지 가르치겠다고 해서 수강생들을 당황하게 만들기도 했다. 나는 청소도 카페 관리에 꼭 필요한 부분이라고 생각했지만, 수강생들은 불필요한 교육이라고 생각했다고 한다. 지금 생각하면 모두가 즐거운 에피소드다.

마지막으로 네 번째 파트너인 에드워드는 지금의 통의동 카페 2층에 위치한 인테리어 디자인 회사 그루스튜디오의 대표이다. 그는 퀸 시바의 모든 것을 디자인했으며, 퀸 시바를 지금의 숍인숍 개념으로 재탄생시킨 장본인이기도 하다. 에드워드는 카페 창업 시 인테리어 상 주의할 점 등에 대한 교육을 담당하고 있으며, 프랜차이즈를 원하는 고객의 경우 인테리어 콘셉트를 제시

커피 외 음료 제조법과 디저트 제조법 교육을 맡고 있는 스칼렛.

매장 인테리어 교육을 맡고 있는 에드워드.

하는 업무를 담당하고 있다.

우리의 파트너십은 창업 컨설팅을 효과적으로 수행하기 위한 역할 위주로 구분되고 그 역할에 따라서 카페를 운영하고 있다. 또한 4명의 파트너가 수평적으로 동등한 권한을 가지고 있기 때문에, 이익 등은 균등히 안분하도록 합의하고 있으며 이러한 역할 분담과 근무 시간 배정, 이익 배분과 투자 등에 대한 내용은 문서화해서 파트너 모두가 서명한 후 잘 보관하고 있다. 형제간 혹은 부부간에 불필요한 작업이라 생각할 수 있지만, 나는 일이 좀 더 전문적이고 체계적으로 수행될 수 있기 위해서는 이런 절차가 꼭 필요하다고 생각한다. 내가 회계법인에서 경험한 것 중 지금까지 지키고 있는 것이 '친한 사람일수록 약속한 내용은 문서화하라'는 것이다. 사실 우리의 경우 기왕 문서를 작성하는 과정에서 서로간의 모든 의견이 조정되고 반영되었기에 카페 오픈 후 지금까지 문서를 꺼내서 상대방에게 확인시켜야 할 일은 한 번도 없었다.

우리의 파트너십을 공고히 하는 데는 다른 무엇보다 이익을 공동 배분하기로 한 계약 내용이 주요했다고 생각한다. 만약 파트너 중 누구는 시급을 주고, 누구는 배당을 받고 하는 식으로 계약을 했다면 가족이 함께하는 이 비즈니스는 오래가지 못했을 것이다. 왜냐하면 퀸 시바는 이익 추구보다 우리가 만든 비즈니스 모델을 시험해서 성공시키는 것이 주목적이었고, 또한 투자자에게 손실이 날 경우 다른 파트너들이 그 손실을 보상해주는 것을 조건으로 하지 않았다. 그러나 월별로 손익계산을 해서, 우선 월 감가상각비에 해당하는 투자 금액은 투자자(우리의 경우는 나 브라이언이 투자자이다)에게 제일 먼저 현금으로 상환하고 있다. 그래서 적자만 나지 않는다면 투자자는 예상 임대 기간 5년이 지나면 투자금 100%를 회수할 수 있게 했다. 즉, 투자금을 먼저 감가상각 방식으로 투자자에게 상환한 다음에도 이익이 남는다면 그때 가서 파트너 4명에게 인건비 형식으로 동 이익을 균등하게 배당하고 있다. 물론 개인 기업이기에 대표이사에게는 급여가 아니라 주주가수금의 상환이라는 형식으로 지급되고 있다. 대표이사는 일 년에 한 번 다른 근로소득이나 이자소득 등 기타의 종합소득과 카페에서 창출된 소득을 합산해서 종합소득세를 신고하고 세금을 납부해야 한다.

한편 개인사업자인 경우는 대표이사의 배우자나 자식, 형제들을 고용해서 인건비를 지급할 때 이 비용을 관련 세법상 손금으로 인정받을 수 있다. 다만 이 경우는 개인사업자가 수취·보관한 서류나 기장하고 있는 장부 등에 의하여 필요경비로 지급 또는 거래된 사실이 실제로 확인될 때 이에 대한 증빙으로서 인정받을 수 있으므로, 무엇보다도 실제로 근무를 해야 하고, 이에 대한 증빙 등을 철저하게 관리하고 있어야 나중에 세무당국과 마찰이 없을 것이다.

회계나 세무를 잘 모르는 소형 카페 경영자 중 감가상각비를 충분히 이해하지 못하는 경우를 많이 보아 왔다. 카페를 운영하기 위해서는 필수적으로 카페를 수리하고 보수하고 인테리어를 하고 집기 비품을 구매해야 한다. 그리고 이러한 비용은 세무 상 대략 5년 동안 '감가상각비'라는, 현금 지출이 따르지 않는 비용으로 처리되는데 현금이 지출되지 않기 때문에 통장에는 동 금액만큼 현금 시재가 더 많아 지게 된다. 그래서 우리 카페는 매달 월 감가상각비에 해당하는 금액을 현금으로 투자자에게 100% 상환해버린다.

감가상각비라는 비용이 갖는 이런 특성을 남들보다는 좀 더 명확히 알기 때문에, 나는 수강생들에게 반드시 감가상각비에 해당하는 투자금은 별도로 통장을 만들어서 매달 상환할 것을 조언한다. 그래야 4년 혹은 5년의 카페 임대 기간이 끝나고 집기 비품 등에 투자했던 금액을 100% 회수할 수 있다. 만약 감가상각비를 단순히 숫자만으로 생각해서 별도로 회수해 따로 보관하지 않는다면, 자기도 모르는 사이 자기가 투자한 돈을 번 돈으로 착각해서 써버리고 4~5년 뒤 당초 집기 비품이나 인테리어 비용에 사용된 총 투자금액이 모두 사라졌다는 것을 알게 될 것이다.

—— 은퇴 후 창업,
기대 수입 얼마면 좋을까

—— 내가 제안하는 1인 카페는 은퇴 후 제2의 인생을 준비하는 사람이 소자본으로 사업이 아닌 전문적인 놀이의 개념으로 접근하도록 디자인되어 있다. 따라서 전문적인 놀이마당에서 적절한 기대 수입은 투자수익률이라는 개념을 기준으로 하기보다 자신들이 있는 위치나 직업군에 적합한 현실적인 급여 수준을 목표로 하여 설정하는 것이 타당하다. 즉, 카페를 처음 시작했을 때는 초보 바리스타의 급여 수준을 기대하고 시작해보면 어떨까 싶다. 만약 현재 카페 시장에서 초보 바리스타의 급여가 월 130만 원이라면 우선은 그 목표를 최초의 기대 수입으로 보면 좋다. 그러다 만약 부부가 함께할 정도로 매출이 늘어난다면, 부부가 각각 월 130만 원의 급여를 기대하면 충분하지 않을까 한다.

퀸 시바의 모델 No.2를 예로 든다고 하면, 총 투자 금액은 보증금과 권리금을 제외하고 7,000~8,000만 원 정도 소요될 것이다. 매달 130만 원을 급여로 받을 수 있는 수익이 발생한다면, 연간 총수입은 약 1,500만 원이 될 것이므로 현재의 은행 금리를 생각한다면 총 투자 금액 대비 꽤 괜찮은 투자수익률이 아닐까 한다. 물론 노동을 제공해야 벌 수 있는 금액이니 투자수익률이라는 개념을 사용할 수는 없지만, 제2의 인생에서 노동의 대가를 비용으로 감안하지 않는다면 상기에서 제시한 총 투자 금액 대비 총 수입 금액이라는 비율은 의미 있는 숫자라고 말하고 싶다. 이렇게 최소한 투자한 돈을 100% 회수할 수 있다는 점과 만족이라는 겸손한 마음으로 창업을 한다면, 노동의 대가를 짧은 시간 내에 큰 기쁨으로 즐기게 될 것이라고 확신한다. 그렇게 바리스타로써 경력도 쌓이고 고객층도 두터워진다면 급여도 조금씩 오르게 되지 않을까?

퀸 시바의 경우 처음 카페를 시작할 때 4명의 파트너가 초보 바리스타가 받는 정도의 보수를 배당으로 받았다면, 5년이 지난 지금은 모든 복리후생을 감안할 때 중견 커피 프랜차이즈 매장의 매니저급 보수 이상을 받고 있다. 물론 현재 함께 일하고 있는 딸의 경우에는 배당이 아난 중급 바리스타 수준의 급여를 따로 지급하고 있다. 배당금의 증가는 우선 매출이 과거보다 많이 늘어났기 때문이기도 하지만 주 원재료인 커피 원두를 직접 로스팅하고, 매장에서 사용하는 모든 메뉴를 가능한 한 손수 만들다 보니 힘은 들지만 원가 절감이 가능해졌기 때문이다.

3장

가족과 함께
카페
운영하기

가족 비즈니스의 성공 노하우

부부가 함께하는
1인 카페

내가 1인이 운용 가능한 카페 비즈니스 모델을 개발한 주된 이유는, 은퇴 후 창업을 사업이 아닌 놀이로 접근하고자 할 때 가장 적합한 모델이 '1인 카페'라고 판단했기 때문이다. 즉, 바리스타가 1인이라는 점에 의미를 두는 카페라기보다 바리스타 1명이 충분히 컨트롤 가능한 크기의 카페라면 임대료나 권리금, 그리고 관리비 등의 규모가 돈벌이 수단이 아닌 놀이라고 생각할 수 있는 정도로 경제적인 부담이 없을 가능성이 높을 거라는 점에 무게를 둔 것이다.

하지만 아무리 혼자 관리 가능한 크기의 카페라 하더라도 실제로 카페를 운영해보면, 특히 원두를 직접 볶아서 사용하는 로스터리 카페일 경우 상당한 노동력이 필요하다는 것을 알게 된다. 그래서 나는 비록 1인 카페라는 콘셉트라 할지라도 부부가 함께 일하면 더 좋다고 생각한다. 카페 경영에 필요한 노동을 부부가 서로 안분하자는 목적보다는 제2의 인생에서 부부가 같은 목표를 향해 나아갈 때, 생각지도 못한 즐거움이 생길 거라 믿기 때문이다.

마침 아는 선배의 아내가 카페를 하고 싶다고 창업 컨설팅을 의뢰해왔다. 그때 나는 이런 개인적 믿음에 따라 로스팅은 남편인 선배에게, 커피 추출과 커피 외 음료 제조는 선배의 아내가 중심이 되어서 교육을 받길 권했다. 나중에 아내가 커피 추출을 완벽하게 익힌 뒤에는 남편에게 그 기술을 전수할 수 있을 것이라는 설명도 했다. 아무리 제2의 인생이라고 하지만 부부 중 한 사람이 하루 종일 카페를 지키고 나머지 사람은 자기만의 시간을 가진다는 것은 이기적이라고 생각한다.

나는 카페 투어를 하면서 가장 완벽하게 제2의 인생을 즐기고 있는 부부를 만났다. 교대 중앙 도로에서 강남대로를 보고 오른쪽 샛길로 한참을 올라가다 보면 대략 20평 내외의 아름다운 음악이 흐르는 '바오밥나무' 카페를 만날 수 있다. 내가 지인들에게서 소개를 받고 창업반 수강생들과 그 카페에 처음 들렀을 때는 오후 4시경이었다. 카페 안쪽에서 생두를 핸드 픽 하고 있는 할머니 두 분을 제외하면 손님은 우리뿐이었다. 할머니 두 분이 핸드 픽을 하고 있는 모습이 마치 밀레의 〈씨 뿌리는 사람〉을 연상시켰다. 카페 안쪽에 있는 로스팅머신은 용량이 1kg이라고 하는데 크기는 우리 토퍼보다 작고 앙증맞아 보였다.

바오밥나무는 나이 든 부부가 함께 경영하는 이상적인 카페

중 하나이기도 하지만 커피도 색달랐다. 우선은 추출 방법이 다른 카페들과는 확연히 달랐다. 핸드드립 커피를 주문하면 칼리타 드리퍼를 사용해서 100CC 정도만 아주 진하게 추출한 후 따뜻한 물과 함께 서빙해준다. 그리고 가능한 한 그 상태로 마실 것을 권유하지만, 너무 진하다고 느끼면 물로 약간 희석해서 마실 수 있다고 귀띔해준다. 우리는 우선 카페 스타일로 조금 마셔 본 다음 물을 타서 다시 한 번 커피를 맛봤다. 보통 커피를 진하게 소량 추출하는 카페의 경우 대부분 물을 타서 서빙하지 이곳처럼 커피와 물을 동시에 서빙하는 경우는 드물다.

커피도 커피지만 카페의 뛰어난 오디오 시스템도 남달랐다. 내 기억에 스피커는 무려 3개조로 되어 있었고, 범상치 않은 시디플레이어와 턴테이블 그리고 많은 LP가 카페 한쪽에 깔끔하게 진열되어 있었다. 오디오는 오디오대로, LP는 LP대로 탐이 났다. 오후 5시쯤 되었을 때, 남편으로 보이는 60대 중반의 남성이 카페 문을 열고 들어왔다. 아끼는 명반 하나를 틀어 달라고 했더니 본인이 소장한 LP 중 가장 아끼는 판이라면서 하나를 골라 기꺼이 턴테이블에 걸어주었다. 카페 안의 스피커들은 음향 공학을 전공한 지인이 지정한 위치에 놓았다고 하는데, 그래서 그런지 잠깐이었지만 황홀한 음악 소리에 깊이 빠질 수 있었다.

내가 로스팅은 누가, 언제 하느냐고 묻자 아내분이 남편이 새벽에 카페로 내려와서 그날그날 필요한 양만큼 로스팅을 해놓는다고 웃으면서 말했다. 남편이 로스팅과 카페 청소를 마치면 집으로 가서 아내와 함께 아침 식사를 하고, 아내가 카페로 출근한 후 남편은 휴식을 취한다고 했다. 점심때 손님이 많으면 아내는 남편에게 도움을 청하고, 그 외의 경우 남편은 오후 4~5시쯤 와서 아내와 교대를 한다. 아내는 집으로 돌아가 잠시 휴식을 취한 뒤 저녁 식사를 준비하고 다시 카페로 내려와 정리를 한 후 남편과 함께 귀가를 한다고 했다.

그 노부부의 집은 카페에서 그다지 멀지 않을 것으로 짐작되었다. 집이 가까우면 그런 식의 패턴으로 20평 내외의 카페를 부부가 함께 운영하는 것이 그다지 힘들지 않을 것이다. 1인 카페처럼 경영하되, 손님이 많은 시간대에는 부부가 쉽게 서로 힘을 보탤 수 있기 때문이다. 집이 가까우면 점심과 저녁도 집에서 서로 번갈아 가면서 편히 먹을 수 있고, 부부 중 시간이 남는 사람이 집안일에도 충분한 시간을 낼 수 있다. 그 노부부의 '카페 살이'는 내가 그동안 봐왔던 여러 노년의 삶 중에서 가장 완벽해 보였다. 집에서 가까운 카페, 60대 중반임에도 불구하고 50대처럼 보이는 남편의 체력, 카페 안 이곳저곳에 걸린 아내의 수준 있는 그림들. 그래서 그런지 손님이 없을 때는 카페가 그들의 거실이고, 손님이 오면 손님을 접대하는 응접실로 변했다. 음악을 틀면 자신만을 위한 음악 감상실이 되고, 그림을 그리고 있으면 나만의 화실로 변하는 카페. 마치 그들 집의 한 부분을 카페로 옮겨와서 삶과 일을 완벽하게 조화시킨 그런 장소 같았다.

제2의 인생을 시작할 때 무엇을 하든 자신이 좋아하는 취미와 일을 결합해보는 것은 어떨까? 앞서 소개했던 선릉의 1인 카페 '커피 볶는 집'도 많은 LP로 과하지 않게 벽면을 장식한 게 인테리어의 전부였다. 조금 어설프고 인테리어에 많은 돈을 들이지 않았음에도 불구하고 카페는 조잡하다는 생각이 전혀 들지 않았다.

2015년 가을, 지인의 소개로 용산에서 오디오 가게를 하던 분이 양평에 카페를 내고 싶다고 해서 만난 적이 있다. 나는 그분이 오디오를 취급해왔던 점을 살려서 양평같이 외진 곳이더라도 오디오나 음악이 수준 있는 카페라면 빠른 시간 내에 입소문을 탈 수 있을 거라고 조언했다. 오랫동안 오디오를 사고팔면서 살아왔으니 오디오나 클래식 음악에 정통했을 것이라 지레짐작하고 한 조언이었다.

그런데 그분은 클래식 음악은 잘 모르고 물건으로서의 오디오는 잘 알지만, 음악을 재생하는 오디오에는 관심이 없다고 했다. 또한 카페를 하고 싶다고 하면서도 취급해야 할 커피의 종류나 추출 방법, 로스팅을 직접 할 것인지 아니면 원두를 사다가 팔 것인지 등에 대해서는 전혀 관심이 없었다. 내게 알고 싶어 하는 것은 오직 판매할 커피의 가격과 야외에 커피 테이블을 놓아야 하는지에 대한 것뿐이었다.

어떤 커피를 어떻게 추출할지도 모르는 상태에서 커피 가격에 대한 의견을 줄 수 없었고, 카페 위치나 장소를 전혀 모르고 있는 상황에서 야외에 테이블을 두는 것이 카페 매출에 도움이 될지 여부를 전혀 판단할 수 없었다. 결과적으로 내 전공과 무관해서 큰 도움을 주지 못하고 서둘러 헤어졌다. 만약 그분이 평생 오디오를 취급하면서 음악을 재생하는 도구로서 오디오를 이해해왔고, 음악을 사랑하면서 살아왔다면 양평이 아니라 어떤 외진 곳에 카페를 열더라도 자신만의 지식과 경험이 카페 경영에 큰 힘이 되었을 것이다.

2016년 봄에는 '하동'에 카페를 차리고 싶다는 분을 만났는데 하동이 차로 유명한 곳이라 카페가 경쟁력이 있을지 몹시 걱정을 하고 있었다. 개인적으로는 우리나라의 다도나 서양의 홍차에 대한 공부를 제대로 해서 '차'와 '커피'를 접목한 카페를 만들면 좋을 거라고 조언했다.

전통적인 찻상에 한국적 느낌이 나는, 별도로 주문 제작한 커피잔과 주전자 그리고 전통 다식(커피와 가장 잘 어울리는 다식이면 더 좋겠다)을 함께 서빙한다면 하동에 다도를 벤치마킹한 커피숍으로 명성을 얻을 수 있을지도 모를 일이다. 물론 손님이 차를 원할 경우에는 누구보다 맛있는 차를 낼 수 있어야 할 것이다. 또한 입소문을 타고 관광객들이 카페에 들른다면, 시간을 정해놓고 간단히 커피와 차를 결합한 다도를 경험하게 하는 이벤

트도 가능하지 않을까 한다. 커피를 내리는 방법 중에 '마일드 드립'이라는 추출 방법이 있는데, 이 추출 방법을 사용하면 커피를 차처럼 내릴 수 있다. 커피를 차처럼 내려 마시는 방법을 다도와 접목해 시연한다면 의외로 손님들의 관심을 끌 수 있을지도 모른다. 발상의 전환을 한다면 차로 유명한 하동에서 그야말로 차와 커피를 결합한 멋진 커피숍을 만들어갈 수 있을 거라고 생각해 의견을 주었다.

최근에는 경기도 광주에서 카페를 창업하고 싶다는 분을 만났다. 그분은 도마를 취미 삼아 만들고 있고, 집에서 먹을 고추장 등 장류를 직접 담근다고 했다. 두 분야의 기술이 어느 정도인지는 잘 모르지만 도마 제작은 이왕 시작한 것이니 남을 가르칠 수 있을 정도까지 공부를 하면 좋겠다고 조언했다. 만약 고추장 등 장류도 그 맛에 있어서 남들의 인정을 받는 수준에까지 이른다면 수제 도마와 장류, 그리고 커피를 결합한 멋진 카페를 만들 수 있을 것 같았다. 카페 안쪽에서는 도마 만드는 법을 가르치거나 자신이 만든 도마를 진열하고 판매를 해도 좋고, 커피잔과 어울리는 트레이 겸 도마를 만들어 카페에서 직접 사용할 수도 있을 것이다. 거기에 소량이지만 가정식으로 담근 고추장, 된장 등을 예쁜 병에 담아서 진열해두고 관심을 보이는 손님들에게 본인이 직접 담근 거라고 자랑할 수 있다면 남은 인생이 나보다는 훨씬 다양하고 다채로워질 것 같았다.

이 세상의 모든 것과 스스럼없이 가장 잘 융합하는 것이 커피가 아닐까. 커피는 빵과 꽃과 차와 고추장과 도마, 그리고 우리내 인생과도 위화감 없이 잘 어우러진다.

—— 잉꼬부부도 함께 일하면 갈등이 생긴다

—— 내가 처음 생각한 카페는 1인이 운영하는 카페였기 때문에 카페를 오픈하고 난 후 파트너로서 아내에게 커피 외 음료에 대한 도움은 받았지만 매장에 직접 나오는 일은 가능한 한 없도록 했다. 그런데 비즈니스 모델을 정립하고 카페 메뉴의 레시피와 가격을 결정하는 과정에서 아내가 다양한 의견을 내놓으면서 자연스럽게 카페 운영에도 적극적으로 관여하게 되었다. 하지만 그렇게 아내와 함께하게 된 카페 경영은 첫 미팅 후 지금 형태의 협업 단계로 넘어오기까지 녹녹치 않은 과정을 거쳐야 했다.

일단 우리 파트너들이 파트너십을 채택하고 역할을 분담하기로 했을 때 경영자적인 판단은 어느 정도 내 판단을 따르기로 이야기가 되어 있었다. 그런데 아내가 나의 결정들에 대해 "왜, 당신이 사장처럼 행동해요?"라면서 불만을 토로해 나와 다른 파트너들을 당혹스럽게 만들었다. 남편이 사장이면 아내는 회장이라고 했던가? 4명이 참석하는 파트너 회의에서 아내가 자꾸 나와 가정사를 논하는 것 같은 태도를 취하면서 곤혹스러운 상황이 반복됐다.

파트너 회의는 카페 창업을 위한 공식적인 모임이므로 각자의 의견을 제시하고 상대방의 의견을 듣고 가능한 한 전원이 동의하는 결론을 도출해야 했다. 따라서 나와 집사람이 대치하는 의견에 대해서는 다른 파트너들의 의견을 들어본 뒤 전원 일치가 아니라 다수결로 의사를 결정하는 경우가 많았다. 그러다 집사람의 의견이 아닌 내 의견으로 결론이 나는 사안이 늘어나면서 부부간 갈등이 점점 더 심화되었다. '카페 하나 하려다, 이혼하는 거 아냐?' 하는 웃지 못 할 상황이 계속 발생했다. 특히 가격이나 메뉴 등 의견이 좁혀지지 않는 부분에 대해서는 누군가 경영자적인 판단과 결정으로 밀어붙여야 하는데, 그때마다 집사람이 "당신이 뭔데, 다 자기 마음대로 결정하려고 해요?" 하고 강하게 반대했고, "내가 사장과 같은 역할을 일부 하잖아요"라고 하면, "누구 맘대로 당신이 사장을 한다는 거죠?" 하면서 마치 나를 카페에서 자기 허락 없이 사장놀이를 하려는 사람처럼 취급해서 상당히 애를 먹었다.

집에서는 가능하면 아내의 의견을 존중해왔는데 그래서 그런지 다른 파트너들에게는 양보를 해도 유독 나하고 의견이 다른 부분에 대해서는 강하게 자기주장을 펼쳤다. 당연하지만 형은 집사람의 시아주버니라는 위치이기 때문에 카페 일로 아내와 의견 대립을 일으키고 싶어 하지 않았다. 그런데 신기하게도 나와 갈등이 있는 안건에 대해서 완전히 제3자인 파트너, 즉 에드워드가 수정 안건을 제시하면 아내가 더 이상 토를 달지 않고 그 의견을 따라주었다. 우리 부부간의 갈등은 극대화되었다가 다시 진화되는 과정을 반복하면서 지금에 이르렀다고 해도 과언이 아니다.

지금은 다 지난 일이지만, 내 경우를 돌아보니 1인 카페를 하면서 부부가 상의해서 카페와 관련한 중요한 일을 결정하기는 쉽지 않을 수도 있다. 그래서 부부가 1인 카페를 하고자 한다면, 중요한 사안에 대해서는 아이들까지 회의에 참석시켜서 다수결로 결정한다면 어떨까? 만약 가족회의로 어떤 중요한 결정을 하게 된다면 자연히 자식들도 부모의 제2의 인생의 동반자라는 생각을 갖게 만들어 가족 관계가 개선되는 부수적인 효과를 얻게 될지도 모른다.

—— 형제간에도 업무에 대한
문서화는 필수

—— 나와 형의 파트너십은 일반적인 형제간 동업과는 조금 거리가 있다. 나는 카페 비즈니스를 준비하면서 형에게 바리스

타 시험과 제빵사 시험을 미리 봐둘 것을 권유했고, 로스팅 교육과 커피 세미나 등도 형과 함께 수강했다. 다행이 형도 자신이 이 분야에 소질과 열정이 있다는 것을 발견하고, 내가 계획한 제2의 인생에 누구보다 힘이 되는 동반자가 되어주었다. 형제가 같은 분야에 관심을 갖기는 쉽지 않은데 내 경우에는 행운이 따랐다고 볼 수 있다.

만약 형제간 동업을 결정했다면 우선 형제가 시작하려는 비즈니스 분야에 관심을 갖고 준비하는 시간이 필요하다. 그런 다음 서로 함께할 수 있다고 판단되면 그때는 퀸 시바처럼 수평적 관계만 존재하는 파트너십으로 일을 시작해보길 바란다. 누가 얼마를 투자할지, 누가 어떤 업무를 담당할지, 배당 가능 이익은 어떻게 산정할지, 배당 비율은 어떻게 할지 등을 일을 시작하기 전에 반드시 결정하고 그 내용을 문서화할 것을 권한다. 그리고 파트너들의 근무 시간에 대한 결정은 반드시 비즈니스 시작 전에 확정해야 한다.

형제간에 동업을 하면 서로의 입장을 고려해가면서 조금씩 양보하고 기꺼이 희생할 수 있다는 점이 가장 큰 장점일 것이다. 우리의 경우도 그렇다. 처음에 나는 창업 컨설팅만 담당하고 나머지 로스팅과 바의 업무는 모두 형이 담당하게 하고 싶었다. 그러나 카페가 커지고 손님이 늘어나면서 애초의 업무 분담을 수정할 수밖에 없었다. 만약 형제가 아니었다면 서로의 입장을 고려해서 당초 결정한 역할을 누군가 손해 보는 방향으로 갈등 없이 변경하는 일이 쉽지 않았을 것이다.

과거에 내가 근무하던 회계법인 앞에 조그만 카페가 있었다. 친구 둘이 동업을 하는 곳이었는데 몇 개월 지나지 않아 그중 한 분이 동업을 포기했다. 동업이 깨진 이유를 물으니 서로 상대방이 업무에 태만하다고 생각했기 때문이라고 했다. 좀 더 열심히 하는 사람 입장에서 보면 상대방이 다소 업무에 소홀하다고 생각하게 되는 것이 인지상정이다. 친한 친구 사이였는데, 그 일로 친구 관계에 금만 갔다고 했다.

가족과 함께 일하는 것은 아직까진 단점보다 장점이 훨씬 크게 느껴진다. 하지만 투자 규모가 크고 막대한 이익이 발생한다면 지금과는 달리 많은 단점이 발생할 수도 있을 것이다. 누가 나에게 물어본다면 그런 큰 사업은 형제간뿐 아니라 어느 누구하고도 함께하지 말라고 말하고 싶다.

이 세상에서 한 분야에 같은 관심과 열정을 가지고 형제, 자매가 함께 놀이를 하는 것만큼 재미있고 행복한 일이 또 있을까? 그 기쁨을 오래 유지하기 위해서는 내가 말한 여러 가지 팁들을 참고하면 좋을 것이다.

아무리 작은 카페라도 할 일은 많다

—— 카페를 경영하는 일은 물 위에 떠 있는 백조와 비슷하다. 물 위에 우아하게 떠 있는 백조는 가라앉지 않기 위해 수면 아래로 쉬지 않고 발을 움직여야 한다. 카페 경영도 그렇다. 아무리 작은 카페라도 궁극적으로는 작은 회사를 경영하는 것과 같기 때문이다.

제대로 된 카페를 경영하기 위해서는 기본적으로 자신만의 비즈니스 모델을 만들고 자기가 만든 모델에 적합한 인테리어와 메뉴, 가격을 결정해야 하며 각 메뉴별 레시피도 자기가 만든 비즈니스 모델의 개성이 확연히 드러날 수 있도록 완성해야 한다. 그다음 각 레시피대로 메뉴를 만드는 일에 익숙해질 때까지 훈련과 연습을 반복해야 한다.

매장 관리와 관련해서도 출근 후 해야 할 일과 근무 중 해야 할 일, 퇴근 시 전기 전열 기구를 취급하는 요령을 문서화하고 이를 누군가 수시로 점검해서 크고 작은 사고를 미연에 방지해야 한다. 가능하면 주문받는 요령도 문서화해 누가 주문을 받더라도 같은 프로세스를 취할 수 있게 하는 것이 좋다. 소모품은 소진되기 전에 주문하고 물건이 오면 이를 적당한 수납 장소에 사용하기 편하게 비치해두는 것도 잊지 말아야 한다.

15평 남짓한 카페지만 아침에 좀 늦는 날에는 서둘러 쓸고 닦다 보면 가끔 머리가 어지러울 때가 있다. 일단 출근해서 청소를 마친 후에는 아침마다 그날 팔 원두를 종류별로 맛보고 원두 상태별로 그라인더를 세팅하거나 물의 온도를 결정하고 다른 사이드 디시들의 신선도를 점검해야 한다. 사용한 법인카드 영수증은 틈틈이 잘 정리해두어야 하고 저녁에는 파트너들에게 그날의 매출을 알려준 후 매출을 엑셀 장부에 기록한다. 한 달에 한번은 원가 계산을 해보고 현금 구매를 한 거래처에는 돈을 송금한다. 6개월마다 부가세 신고·납부도 한다.(개인사업자의 경우 3개월마다 예정납부는 하지만 예정신고 절차는 필요 없고 6개월마다 확정신고 절차와 함께 부가세 확정납부만 하면 된다) 현금 보유량은 수시로 확인해서 부족한 달에는 투자자가 그 금액을 일시 채웠다가 회사가 나중에 다시 투자자에게 상환할 수 있도록 신경 써야 한다.

퀸 시바가 처음 문을 연 통의동 3.5평 카페에서는 헨리 혼자 카페 일을 전담했다. 그런데 로스팅머신을 구매하고 서둘러 원두 종류별 로스팅 프로파일을 확정하려다 헨리가 과로로 쓰러지는 일이 발생했다. 그 뒤에 로스팅 업무는 내 전담 업무가 됐다. 6개월 뒤 15평 규모의 매장으로 이사했을 때는 바리스타의 업무량이 많아져서 바의 일도 분담이 필요했다. 결과적으로 나와 헨리, 그리고 스칼렛의 근무 시간을 효과적으로 재배분해야만 했다. 그 결과 바는 헨리뿐 아니라 스칼렛도 일부를 담당하게 해서 헨리의 과중한 업무를 재조정하고 교육과 로스팅은 내가 담당하는 쪽으로 역할의 재분담이 이루어졌다.

청소와 매장 정리는 밤 10시까지 근무를 하는 헨리와 스칼렛의 근무 강도를 줄여주기 위해 내가 아침 일찍 출근해서 처리하고 있다. 청소와 매장 정리를 하고 그날 팔 원두를 커핑하고 로스팅머신을 워밍해서 생두를 로스팅할 준비를 마치면 대략 12시가 된다. 그때쯤 헨리나 스칼렛이 카페로 출근을 한다. 점심때 손님이 분비면 내가 서빙을 하거나 테이블을 정리해서 바리스타의 업무를 도와주고 있다. 그러다 매장이 한가해지면 로스팅에 전념하다가 오후 4시쯤 퇴근을 해서 운동을 하러 간다. 오후 12시에 출근했던 바리스타는 저녁 9시 혹은 10시까지 근무를 하고 퇴근을 한다.

그렇게 처음 1년을 보내고 나니 자기 체력보다 다소 과도하게 일한 집사람이 점점 힘들어하는 것이 느껴졌다. 그래서 내가 설거지나, 청소, 빨래 등 집안 살림을 돕게 되었다. 2014년 지금의 카페로 이사하면서 주말이면 화장실에 갈 시간이 없을 정도로 손님이 많아 바리스타들의 체력이 완전히 고갈돼버렸다. 나는 아내의 건강을 걱정하지 않을 수 없었다. 가능한 한 아내가 살림에서 자유로워지도록 최선을 다해서 돕고, 레몬을 씻고 말리고 닦는 일 등 집사람이 맡았던 일도 내가 전담하게 되었다. 스콘이나 비스코티 등 빵 반죽도 시간이 날 때는 내가 하면서 가능한 한 아내는 매장 일에만 신경 쓰게 하고 있다. 그게 다 부부니까 가능한 일이 아닐까 싶다. 카페를 경영하면서 생기는 부부간 갈등은 서로를 위하는 마음이 최고의 해결책인 듯싶다. 집사람의 건강을 걱정해주고 카페에서의 잡일을 덜어주는 등 진심으로 마음을 써주다 보니 집사람도 이제는 카페 내 사소한 일에는 거의 간섭을 하지 않고 있다.

◐ 퀸 시바 카페의 업무표 — 각 파트너의 역할을 중심으로

담당 파트너	주요 업무		부수 업무		
	업무 내용	주기	업무 내용	주기	비고
브라이언	로스팅	주 4~5회	마감	매주 화요일	
	취미반의 커피 이론 교육 및 수업 준비	매주 토요일	영수증 정리	수시	라바 포함
	창업반 - 이론 교육	필요시	장부 정리 및 (매)월말 가결산	수시	라바 포함
	창업반 - 로스팅 교육	필요시	레몬 세척	수시	
			더치 제조	수시	
			오픈 준비	주 4회	
			재고 관리 (원재료 및 소모품 구매 포함)	수시	
	창업반 - 카페 투어	필요시	현금 입금 및 출금 관리	수시	급여 지급 / 세금 납부 포함
			바 보조	필요시	점심시간
			에스프레소머신 임대 관련 고객 관리	수시	에스프레소머신 임대 계약 관리 포함
			원두 배송 및 발송	주 1회	

담당 파트너	주요 업무		부수 업무		
	업무 내용	주기	업무 내용	주기	비고
헨리	바 담당 및 마감	주 3~4회	재고 관리	수시	
	창업반– 브루잉 교육	필요시	더치 제조	수시	
	취미반 – 브루잉 교육	매주 토요일	제빵	주 3~4회	제빵은 소량만
			각종 레몬티 제조	수시	레몬 썰기 등
	커핑	수시	임대용 에스프레소머신 관리	주 1회	에스프레소머신 청소 업무 포함
			원두 배송 및 발송		
스칼렛	허브레몬티와 라임티 제조(4계절)	수시	커피 용품 구매 및 재고 관리	수시	주전자, 서버, 드리퍼 등
	창업반– 커피 외 음료와 디저트 제조 교육	필요시	커핑	수시	
	모히토 제조(여름)	수시	커피 품질 관리	주 3~4회	
	진저레몬티 제조(겨울)	수시	오픈 준비 및 청소	주 1회	
	레몬베리빙수 제조(여름)	수시	바 담당	주 4회	
	티 브루잉	수시	마감	주 1~2회	
	각종 티 재고 관리	수시			
	디저트 제조	수시			
에드워드	각종 시각디자인 제작 및 (홍보물 포함) 관리	수시	커핑	수시	
	스티커 디자인 및 제조	수시	판매용 & 전시용 커피 용품 디스플레이 및 관리	수시	
	창업반–인테리어 교육	필요시			
	카페 인테리어 시공	필요시			
	카페 임대차 계약 관리	필요시			
	카페 주요 시설물 관리	수시			

라오스 커피 투어

라오스 남부 도시 팍송으로

    2013년 국내에 라오스 커피가 소개되면서 라오스산 생두 수입에 대한 관심이 생겼다. 다른 나라 커피와 달리 라오스산 커피는 우리나라에 아직 잘 알려져 있지 않았기 때문에 미리 준비를 하면 양질의 라오스 커피를 남보다 먼저 수입해서 국내에 소개할 수 있다는 생각이 들었다. 마침 나와 비슷한 생각을 가진 지인이 함께 라오스 커피 산지를 방문해보자고 했다. 나는 라오스에 살고 있는 후배를 통해 커피 산지 투어를 도와줄 현지 전문가를 수소문했다. 그리고 2013년 12월 초 우리는 드디어 라오스행 비행기에 몸을 실었다. 라오스는 전 세계에서 가장 가난한 나라 중 하나라고 들었는데 수도 비엔티엔에서 마주한 라오스인들의 표정은 국민소득이라는 지표로는 설명할 수 없는 평온한 표정이었다.

라오스에 도착한 첫날 비엔티엔의 관광 명소를 돌아본 뒤 돼지고기와 채소를 사서 후배 집 정원에서 숯불을 피워 바비큐를 해먹었다. 지금까지 내가 먹어본 중 가장 맛있는 바비큐였다. 싱싱한 채소는 입에서 녹는 듯해서 놀랐고, 돼지 한 마리가 우리나라 돈으로 3만 원 남짓하다는 말에 다시 한 번 놀랐다.

라오스에 도착한 셋째 날 새벽 우리는 렌터카를 타고 비엔티엔을 출발해서 라오스 남부에 위치한 '팍송Pakxong'으로 가기 위한 중간 기착지 '팍세Pakse'로 향했다. 팍송은 비엔티엔에서 자동차로 8시간가량 가야 하는 도시로 최근 커피 산지로 각광을 받기 시작한 곳이다.

라오스는 과거 프랑스 식민치하에 있을 때 병충해에 약한 커피 품종인 '아라비카종'보다 상대적으로 병충해에 강해서 생산 수율이 높은 '로부스타종'을 주로 생산했다. 그러다가 2010년 즈음부터는 제값을 받을 수 있는 아라비카종 생산에 높은 관심을 보이기 시작했다고 한다. 이때 양질의 아라비카종을 생산하기 위해 해발고도가 높은 지역들이 커피 산지로 주목받았는데, 커피 생산에 최적의 조건을 갖춘 라오스 남부 도시 팍송이 물망에 올랐다고 한다. 우리와 동행한 한국인 커피 농장주는 돈이 된다고 하는 아라비카종 커피나무를 심은 지 벌써 2년이 되었다고 자랑이 대단했다.

자동차 여행의 장점은 여행 도중 언제든지 원하는 장소에 잠시 머무를 수 있다는 점일 것이다. 우리는 팍세로 가던 중 아침에 일찍 문을 연 시골 식당에 들러서 쌀국수를 먹고 맛있는 라오스식 커피로 입가심도 했다. 라오스의 노천 식당들은 대부분 가스 대신 숯불을 사용하고 있었는데, 화로 위에는 항상 뜨거운 물이 펄펄 끓고 있었다. 커피를 주문하면 진하게 볶아서 다소 가늘게 분쇄한 커피를 융 드립 비슷하게 추출해서 준다. 냉커피를 주문하면 잘게 부순 얼음을 담은 컵에 뜨거운 커피를 붓고 태국 산 연유를 듬뿍 넣어 준다. 신기하게도 우리나라의 연유를 넣으면 그 맛이 나지 않는다. 매년 여름이면 그때 마셨던 라오스식의 냉커피가 그립다.

모카포트 카페 '커피'

비엔티엔에서 팍송으로 가는 도중에 외국인들에게는 모카포트로 커피를 추출해주는 것으로 유명한 '커피Coffee'라는 이름의 제법 그럴 듯한 카페에 들렀다. 카페에 들어서니 카페 여주인의 남편이 우리를 맞아주었다. 그는 자신이 네덜란드 사람이라고 했다. 자세히 살펴보니 카페에서 쓰는 커피 원두는 휴대용 가스레인지를 이용해서 프라이팬으로 볶아서 사용하고 있었는데, 그래서 그런지 그가 우리에게 자랑 삼아 보여준 원두의 색깔이 지나치게 불균등했다. 우리가 그 이유를 묻자 그는 이 카페에 오는 사람들이 세계 각국에서 오는 사람들이고 사람마다 진한 커피, 순한 커피 등 각자 선호하는 커피가 다르기 때문에 여러 사람의 요구를 한꺼번에 충족시키려면 다양한 색깔의 콩을 볶아야 한다는 어처구니없는 답을 했다.

어쨌든 그에게 모카포트로 추출한 커피를 한 잔 주문했다. 그런데 잠시 후 그가 커피를 끓여서 가져온 모카포트는 평생 한 번도 씻지 않은 듯 지저분했다. 지저분한 모카포트 탓에 커피를 마시고 싶은 생각이 싹 가셨지만, 라오스 촌에서 만난 모카포트 커피를 포기할 순 없었다. 예상대로 커피 맛은 그저 그랬다. 우리는 라오스 커피를 평가하기 위해 생두를 사야 했는데, 가공 상태가 엉망인 생두를 1Kg에 50달러나 요구해서 깜짝 놀랐다. 그가 우리에게 바가지를 씌우고 있다는 것을 알았지만, 이곳 아니면

▶ 라오스에서 유일하게
모카포트 커피를
마실 수 있는 카페 '커피'.

생두를 살 수 없을지도 모른다는 생각에 할 수 없이 그 비싼 생두를 샀다. 함께 간 지인은 그 생두의 상태가 마음에 들지 않는다고 했고, 예상대로 한국에 돌아와서 볶아본 생두 맛은 우리 기대에 훨씬 못 미쳤다.

시간 상 우리는 카페에 오래 머물지 못하고 서둘러 팍송의 커피 농장으로 향했다. 그리고 팍송의 커피 농장에서 돌아오는 길에 못내 아쉬워서 다시 그 카페에 들렀다. 그러나 날은 이미 어둑어둑해졌고 커피를 주문하기에는 너무 늦은 시간이었다. 카페에 아무도 보이지 않아 누구 없냐고 소리를 질렀더니 카페 뒤뜰에서 한 여자의 목소리가 들려왔다. 목소리가 들리는 뒤뜰로 가자 카페 여주인으로 보이는 한 중년 여인이 수동식 펄핑머신Pulping Machine으로 열심히 커피 펄핑 작업을 하고 있었다. 벌써 날은 어두워져서 전등이 필요한 상황이었다. 이곳 전기 사정이 어려운지 펄핑머신 옆에 한 여자아이가 자가 발전기에 연결된 이동식 전등을 들고 있었다. 여주인은 한 손으로는 물에 불린 커피체리를 펄핑 기계 안에 연신 넣어주면서 동시에 다른 한 손으로는 수동식 펄핑머신을 돌리고 있었다. 어릴 적 어머니가 맷돌을 돌리시던 장면이 떠올랐다. 어머니는 한 손으로는 맷돌에 생콩을 계속 부어 넣으면서 다른 한 손으로는 맷돌 손잡이를 능숙하게 돌리시곤 했다.

펄핑머신의 아래 부분으로는 과육이 제거된, 단순히 점액질로만 둘러싸인 생두가 계속 쏟아져 나왔다. 카페에서 사용하는 커피는 자신들의 텃밭에서 생산된 커피를 직접 가공해서 사용한다고 했다. 이렇게 개별 농가가 자신들이 소유하고 있는 텃밭에서 농산물을 생산하는 방식을 '가든 수확 Garden Harvesting'이라고 한다. 초저녁이었지만 여주인의 이마에서 나는 땀과 자신도 모르게 헉헉대는 소리로 미루어보아 그녀가 무척 힘든 작업을 하고 있다는 것을 알 수 있었다.

라오스에서 모카포트로 커피를 마실 수 있는 곳은 '커피 카페'가 유일하다고 하니 비엔티엔에서 팍송으로 가는 분들은 이곳을 그냥 지나치지 마시길 바란다. 만약 그 네덜란드인 남편이 아직 이혼을 당하지 않았다면, 원두 색깔이 불균등한 이유가 "세상 모든 사람들의 요구에 맞춘 커피를 만들기 위해서 일부러 그랬다"라고 능청스러운 얼굴로 손님들에게 설명하고 있을 것이다.

농가의 커피체리 거래

팍송에 도착한 후 동행한 한국인 커피 농장주가 우리를 데리고 간 곳은 자신의 농장으로 가는 길 초입에 위치한 조그만 슈퍼였다. 오는 길에 시장에 들러 구입한 이름 모를 생선과 채소를 담은 검은 비닐봉지를 슈퍼에 근무하는 젊은 여인네에게 건네주며 똠양꿍을 만들어 달라고 주문했다. 그러고는 시내 도매점에서 구매한 콜라와 사이다 등 여러 가지 음료들을 박스에서 꺼내서 슈퍼 진열대에 진열하기 시작했다. 그 커피 농장주 말로는 이 슈퍼를 커피 농장을 관리하는 사람들에게 맡겨서 거기서 생기는 이익으로 농장 관리자와 일꾼들의 급여를 주고 있다고 했다. 참 재미있는 경영 방식이라는 생각이 들었다. 똠양꿍을 요리하고 있는 젊은 아낙네는 커피 농장을 관리하는 남자의 아내이고, 길가에서 놀고 있는 아이들은 그 부부의 자녀들이라고 했다. 가만히 보니 슈퍼 앞마당으로는 작은 돼지들이 뛰어다니고 있었는데 한 마리에 3만 원만 내면 맛있는 바비큐를 해서 먹을 수 있다고 했다. 나는 우리나라의 큰 돼지를 상상했는데, 라오스 돼지는 다 큰 슈나우저 정도의 크기였다.

　가정식 똠양꿍에 동남아에서 주로 생산되는 안남미로 만든 밥을 먹고 있는데 갑자기 밖에서 딸랑딸랑 하는 종소리가 들렸다. 그와 동시에 여러 명의 아이들이 어깨에 자루를 메고 숲속에서 달려 나왔다. 농장주에게 물어보니 커피체리를 거래하는 중이라고 했다. 커피 수확 철이 되면 초저녁쯤 커피체리 수거 차량이 종소리를 울리면서 거리를 돌고, 각 농가에서는 종소리에 맞춰 그날 수확한 커피체리를 자루에 담아서 차로 가져온다는 것이다. 그런데 커피체리 수거 차량이 체리의 상태를 확인하지도 않고 자루의 무게를 저울로 잰 다음 무게에 따라 값을 치르는 방식으로 커피를 수거한다는 말에 우리는 깜짝 놀랐다. 잘 익은 커피체리와 잘 익지 않은 커피체리가 각각 품질에 미치는 영향이 확연히 다른데, 체리 상태를 확인하지 않고 단순히 무게로만 거래를 한다는 것은 커피의 품질을 무시하는 처사이기 때문이다. 다만 구매자가 구입한 생두에서 잘 익은 체리와 덜 익은 체리를 충분히 구분하여 가공한다면 생두 품질에는 큰 영향을 미치지 않을 것이다. 우리는 다음 날 돼지 바비큐를 해먹기로 하고 너무 늦기 전에 숙소가 있는 팍송의 '커피 리조트'로 돌아왔다.

라오스 커피조합 방문

팍송의 '커피 리조트'는 라오스의 커피를 알리고 커피 체리를 프로세싱하는 간단한 설비를 설치해서 관광객이 커피 프로세싱 과정을 경험할 수 있도록 만든 일종의 관광리조트였다. 하지만 관광 시즌이 아닌 탓인지 손님은 우리밖에 없었고 뒤뜰의 커피나무는 제대로 관리되고 있지 않았다.

리조트의 방은 4개의 싱글 룸과 4개의 트윈 룸이 있었다. 우리는 비용 절약을 위해서 트윈 룸을 선택했는데 좁은 방의 침대는 한국인의 체형에 비해 너무 작았다. 나는 바스락거리는 소리로 옆 사람을 깨우지 않기 위해 꼼짝 않고 불편한 잠을 자야 했다.

다음 날 아침 리조트 내의 레스토랑에서 아침 식사를 해결하기 위해 내려갔다. 레스토랑에는 제법 그럴듯한 에스프레소머신이 비치되어 있었는데 한국에서 함께 간 지인이 종업원들의 양해를 구한 뒤에 KBC 대회 챔피언 출신다운 멋진 카페라테와 아메리카노를 만들어주었다. 주위에서 그 작업 과정을 지켜보던 종업원들이 놀란 표정을 지었다. 모처럼 라오스산 커피로 만든 제대로 된 모닝커피를 즐길 수 있었던 운 좋은 하루였다.

우리는 동행한 한국인 커피 농장주가 경영하고 있는 커피 농장을 다시 둘러보았다. 그분은 우리가 자신의 커피 농장 매수에 관심을 보이기를 원했다. 하지만 여러 가지 이유로 이미 라오스산 커피에 흥미를 잃기도 했거니와 라오스 커피 농장을 구매하는 것은 처음부터 계획에 없던 일이라 그 상황이 다소 당황스러웠다. 나중에 다시 한 번 생각해보고 연락을 주겠다는 약속을 하고 서둘러서 팍세로 돌아왔다.

우리는 팍세 시내에서 제일 유명한 카페를 물어물어 찾아갔다. 우연히도 그 카페는 우리가 하루 묵었던 커피 리조트의 주인인 '시눅 공'이 경영하는 곳이었다. 그 카페 건너편에는 개인 소유 커피 농장주들이 중심이 되어 만든 커피조합이 있었는데, 시눅 공은 그 조합의 조합장이기도 했다. 뜻하지 않은 행운에 기뻐하며 우리는 건너편 커피조합으로 뛰어 들어가서 조합 안에 진열된, 그해에 생산된 여러 커피 샘플과 생산 농장 이름, 수출된 나라, 수출 단가 등을 살펴보는 시간을 가졌다. 조합의 직원은 독일 등 많은 선진국에서 라오스의 커피 산업을 지원하기 위해 시장 가격 이상의 값을 지불하고 커피를 수입해간다고 했다.

우리는 내친김에 카페 위층에 있는 호텔에서 하루 더 묵기로 하고 다시 카페로 돌아왔다. 그때 한 잘생긴 중년 남성이 우릴 찾아왔다. 시눅 공이었다. 그는 조합에서 우리가 이곳에 머무르고 있다는 소식을 들었다고 했다. 시눅 공은 라오스가 공산화될 때 프랑스로 망명한 수많은 라오스 부호 중 한 명의 자손이라고 했다. 근자에 라오스 정부가 해외로 망명한 라오스인들에게 다시 라오스로 돌아와서 사업을 재개해줄 것을 요청하면서 단순한 몇 가지 원칙만 요구했다고 한다. 그중 하나가 라오스산 상품은 어떤 것이든 생산하고 수출할 수 있지만 라오스 산업 발달을 해칠 수 있는 수입 사업만은 할 수 없다는 것이었다. 과거 공산주의를 피해서 프랑스 등으로 망명한 부호들이 다시 돌아와서 라오스의 경제를 부흥시켜주기를 기대하는 라오스 정부의 고심이 엿보이는 정책이었다. 우리는 시눅 공과 함께 카페의 커피를 번갈아 커핑하면서 모처럼 라오스 커피를 음미하는 시간을 가졌다.

헤어질 때 시눅 공은 비엔티엔에 소재하고 있는 자신의 로스팅 공장에도 우리를 초대하겠다고 했다. 뜻하지 않은 소득이 많았던 하루였다. 라오스 정부의 부름으로 다시 모국으로 돌아온 시눅 공은 무엇보다 라오스 커피 산업 발전을 위해서 몸 바쳐 일하고 있다고 했다. 그가 전개하고 있는 프랜차이즈 커피숍은 우리나라의 카페들과 비교해도 전혀 뒤지지 않을 정도로 인테리어나 집기 비품, 그리고 커피 콘셉트 등이 뛰어났다. 그러나 가격에 비해 커피 맛이 내 기대에는 못 미쳤다. 시눅 공의 세련된 스탈일이 반영된, 그러나 현지인의 소득 수준에 비해 다소 비싼 커피가 라오스 일반인들의 사랑을 받기에는 시간이 좀 더 필요해 보였다.

시눅 공은 대부분 가든 수확을 하고 있는 중소 커피 농장주들이 생산하는 커피의 품질을 제고하고자 노력하고 있었다. 케냐나 에티오피아처럼 개인 농장주들이 조합을 만들고, 그 조합원들끼리 힘을 합쳐 공동 커피 프로세싱 공장을 만들어 품질을 관리하고, 조합에서 농장주를 대상으로 지속적인 교육을 한다면 머지않아 우리는 깜짝 놀랄 만한 품질의 라오스 커피를 만나게 될지도 모른다.

한국에 돌아와서 우연히 라오스에서 커피 농장을 직접 경영하고 있다는 사람을 만났다. 그의 말에 따르면 2009년 무렵부터 한국 사람들이 라오스에서 아라비카 커피 농장을 경작하기 시작했고 자신들이 첫 생산한 라오스산 아라비카 커피를 한국에 들여와서 특별한 커피를 기다리던 많은 커피 애호가들의 사랑을 받았다고 한다. 그러나 아쉽게도 내 관심 부족 탓인지 그 뒤로는 국내에 라오스산 커피로 유명한 카페가 생겼다거나 맛과 풍미가 뛰어난 라오스산 커피가 수입되었다는 소식은 듣지 못했다. 하지만 라오스에서는 그 이후로도 커피 맛과 품질을 높이기 위한 라오스인들의 노력이 끊임없이 계속되고 있을 것이다.

　나는 라오스산 생두 수입에 관심이 있었지만 내가 원하는 스타일의 커피를 만나지는 못했기에 빈손으로 돌아올 수밖에 없었다. 그러나 언젠가는 멋진 라오스 커피를 퀸 시바의 시즌 스페셜티로 취급할 날이 올 것이라 믿는다. 그리고 지금도 퀸 시바는 멋진 커피를 찾아서 생두를 직접 수입하는 사업을 꿈처럼 마음속에 간직하고 있다.

4장

퀸 시바,
드디어
오픈하다

지속 가능한 카페 만들기의 첫 걸음

—— 3.5평, 퀸 시바의
첫 번째 실험실

—— 카페를 하기로 결심이 서자 우리는 아무 계획 없이 집 가까운 곳에 매장을 임대하려고 했다. 그러나 그 과정에서 보증금, 임대료, 권리금 등이 만만치 않음을 알게 되었고 카페 임대 전에 먼저 우리에게 적합한 비즈니스 모델을 만들 필요가 있음을 깨달았다. 하지만 비즈니스 모델을 정립한 후에도 집 근처에 적당한 매장을 찾는 게 생각만큼 쉽지 않았다. 발품을 팔아서 원하는 매장을 찾는 것이 불가능하다고 판단되자 여러 부동산에 원하는 조건을 말해주고 해당하는 물건이 나오면 연락해줄 것을 부탁했다. 그러던 어느 날 에드워드가 원하는 조건의 카페가 매물로 나올 때까지 자기 회사의 회의실로 사용하고 있는 3.5평 남짓한 공간을 이용해서 1인 카페로 운영해보는 것이 어떻겠냐는 제안을 해왔다.

내가 원하는 조건의 매장은 1인이 통제 가능한 대략 10평 내외로, 집에서 가깝고 이면도로에 위치해서 임대료 등을 줄일 수 있는 곳이었다. 카페 입지와 관련한 조사에 따르면 카페 최적의 입지 조건은 지하철 입구보다는 횡단보도 근처가 낫고 주변에 병원이나 마트, 은행, 전시장, 극장, 등의 유동인구가 많은 시설이 있는 곳이다. 하지만 현실적으로 그런 위치의 매장은 임대료가 비싸기 때문에 커피 프랜차이즈 '이디야'의 매장 전략처럼 이면도로에 위치한 작은 평수의, 임대료와 관련 경비를 줄일 수 있는 매장을 찾는 것이 가장 적합해보였다.

물론 위치 조건 외에도 글로벌 커피 프랜차이즈와의 경쟁에서 살아남을 수 있는 개인 카페 나름의 경쟁력이 반드시 있어야 했다. 신문에서 본 이디야의 경쟁력은 위치 선택뿐 아니라 적은 인원으로 관리가 가능한 작은 카페이면서 글로벌 프랜차이즈에 비교해도 손색없는 품질의 커피를 더 저렴하게 제공한다는 데 있었다. 매장 위치가 최적이 아니더라도 살아남기 위해서는 나름대로 숨은 경쟁력이 필요하다는 것을 이디야의 예를 통해 알 수 있었다. 가끔은 차를 타고 가다가 도로변에 위치한 이디야 카페를 보게 되는데, 이런 경우에도 유동인구가 많지 않아 임대료가 저렴해 보이는 곳이었다.

우리는 에드워드의 조언에 따라 길가에 위치한 회의실을 개조해서 3.5평짜리 작은 카페를 만들기로 했다. 퀸 시바의 프로토타입이 시작된 것이다. 이 카페는 사실 우리가 계획한 1인 카페 비즈니스 모델에 비해서 지나치게 작은 규모였지만 우리가 원하는 위치와 크기의 매장을 찾을 때까지
그곳에서 우리의 꿈을 실현해보기
로 했다.

2012년 11월 중순, 우리는 통의
동 111번지에서 퀸 시바 프로토타입
을 오픈했다. 우리 비즈니스 모델 No.1을
축약한, 바의 기능만을 강조한 모델이었기 때문에 바 제작에는
돈을 아끼지 않았다. 또 언젠가는 이사를 해야 하기 때문에 분해
해서 이전할 수 있도록 디자인했다. 커피의 맛과 품질에 영향을
주는 그라인더 등의 주요 설비를 제외한 다른 부분에서는 가능
한 한 지출을 줄였다. 바에는 손님이 앉을 수 있도록 해서 바리
스타와 손님이 교감할 수 있도록 했고, 바 맞은편 벽에는 선반과
스툴을 놓아 테이블로 사용했다.

처음에는 광고를 전혀 하지 않아서 손님들이라고는 한적한 통
의동 골목길을 산책하다 우연히 들른 사람들이 전부였다. 그러
다 전역을 앞둔 의경 몇 명이 고객이 되었고, 차와 관련한 도구
의 판매와 다도 수업을 하던 근처 가게의 여사장님이 단골이 되
어주었다.

이때는 우리 카페만의 로스팅 포인트를 잡아가던 아주 중요한
시기였다. 또 공간적 제약에서 오는 한계를 극복하기 위해 우리
만의 더치커피 레시피를 만들고, 핸드드립의 단점인 시간 문제를

통의동 111번지 3.5평 매장에 첫 문을 연 퀸 시바.

해결할 독창적인 핸드드립법도 개발했다. 우리는 이 첫 번째 카페를 퀸 시바의 실험실이라고 불렀다. 시간이 지나면서 우리 커피를 좋아하고 일부러 찾는 손님도 점점 늘어났다. 1인 카페 비즈니스 모델에 대한 확신이 솔솔 불어나던 그때가 내 제2의 인생에서 가장 행복한 시간이 아니었나 싶다.

── 비즈니스 모델에 맞는 인테리어 전략 세우기

── 카페가 성공하기 위해서는 일단 지나가던 손님이 가게에 들어와 보고 싶게 만들어야 하는데 이 부분이 인테리어의 가장 중요한 역할일 것이다. 일단 손님이 카페의 외관이나 인테리어에 매력을 느끼고 들어온 다음에는 반드시 커피 등 메뉴의 맛에 반하게 해야 한다.

카페 인테리어의 중요성은 아무리 강조해도 모자라지 않지만 그렇다고 인테리어에 너무 많은 돈을 투자해서는 안 된다. 먼저 자기 소유의 매장이 아니라면, 바닥, 벽 등 이전할 수 없는 부분에 대한 인테리어 비용은 최소화하는 것이 옳다. 그리고 바를 포함한 집기 비품은 이사를 대비해 모두 이전 가능하도록 설계해야 한다.

일반적으로 임대하는 매장에 로스터리 카페를 만들 요량이라면 이전이 불가능한 바닥이나 천정, 벽 공사 등은 가능한 한 비용을 최소화하되 임차 전에 배수 시설, 설치된 전기 용량, 도시가스 시설 유무, 화장실 위치, 로스팅 룸 설치 가능 여부, 제연기 설치 필요 등에 대한 사전 조사를 해야 한다. 그래야 발생할지도 모를 불필요한 비용을 줄일 수 있다.

집기 비품 중에 커피의 맛과 품질에 영향을 주는 설비는 가능한 한 가장 좋은 제품을 선택하는 것이 좋다. 좋은 설비는 커피의 맛과 품질에도 영향을 주지만 그 자체로 인테리어 효과를 높이기 때문이다. 퀸 시바의 경우 커피 맛에 영향을 주는 그라인더의 구매에는 예산을 아끼지 않았다. 그 점을 알아주는 고객을 만나면 기쁨도 배가 된다. 또한 핸드드립의 생명인 물의 온도와 온수의 양을 최적화하기 위해서 온수 공급기의 선택에도 많은 발품을 팔았다.

——— **인테리어에서 설비와 바의 동선은 바리스타가 결정해야 한다**

카페를 인테리어 할 때 주인은 인테리어 전문가가 될 필요는 없지만 자신의 카페에서 가장 편하게 작업할 수 있는 공간에 대한 자기만의 아이디어는 꼭 가지고 있어야 한다. 물론 그런 공간이 제한된 비용과 주어진 공간 안에서 구현이 가능할지에 대해서는 공사 전에 전문가의 의견을 반드시 들어봐야 한다.

나도 카페를 준비하기 전에는 인테리어는 모두 전문가가 알아서 해결해주는 것으로 생각했다. 그러나 첫 번째 통의동 카페를 오픈하면서 인테리어 중 특히 바와 주요 집기 비품의 위치는 반드시 사용할 사람이 자신에게 필요한 동선을 중심으로 먼저 설계해야 한다는 것을 깨달았다. 만약 카페를 사용할 주인이 자신이 사용할 카페에 대한 개념과 동선 등을 인테리어디자이너에게 충분히 설명하지 않는다면 카페 인테리어가 디자이너가 하고 싶은 방향으로 진행될 위험이 있다. 어떤 경우에는 디자이너가 최근에 진행한 다른 카페의 콘셉트를 그대로 새로운 카페에 접목하기도 한다. 그렇게 되면 카페 주인은 자신의 생각과는 다른 식으로 설계된 동선 때문에 일하는 내내 불편을 감수해야 한다. 내창업반 수강생 중 한 명은 직영할 카페를 공사하던 중 인테리어 디자이너가 카페와는 전혀 다른 빙수 전문점을 집요하게 추천하면서 본인을 설득하는 바람에 카페 공사를 하는 내내 그와 감정적으로 무척 불편했다고 한다. 따라서 인테리어 개념은 물론 동선까지 카페를 운영할 사람이 먼저 결정한 다음에 그 내용이 실현 가능하고 효율적인지를 인테리어 전문가와 상의하는 게 수순일 것이다.

핸드드립 전문 카페에서 가장 중요한 것은 바라고 생각한다.

커피의 추출, 보관, 분쇄 등 대부분의 기능을 한 공간에 담을 수 있도록
많은 연구와 노력을 기울여 만든 퀸 시바의 바.

퀸 시바의 경우는 1인 카페라는 점을 고려해서 작지만 핸드드립에 부족함이 없는 바를 만들기 위해 노력했다. 가능한 한 커피의 추출, 보관, 분쇄 등 대부분의 기능을 한 공간에 담아주는 바를 만들기 위해 인테리어 담당 파트너와 함께 많은 연구와 노력을 기울였다. 퀸 시바의 바는 다음과 같은 과정을 통해서 완성되었다.

첫째, 주로 바를 사용할 바리스타의 체형을 고려해서 바의 높이를 결정했다.

둘째, 드립워머 바로 아래쪽에 대형 휴지통을 비치해서 커피 찌꺼기를 버리는 동선을 최소화했다.

셋째, 바리스타가 돌아서면 즉, 바로 등 뒤에서 사용한 컵 등을 씻을 수 있도록 싱크대를 설치했다.

넷째, 온수기는 싱크대 바로 우측에 설치해 커피 추출과 관련한 동선을 최소화했다.

다섯째, 그라인더는 온수기 바로 우측에 두고, 그라인더 옆에 그날 사용할 원두를 넣어둔 원두 보관통을 진열해두었다.

여섯째, 바가 크지 않아 테이블형 냉장고와 냉동고를 설치하지 못한 게 크게 아쉬웠으나, 그 대신 작은 냉장고는 대형 휴지통 우측에, 소형 냉동고는 바 우측 끝에 비치해서 그날 사용할 더치커피 등을 보관했다.

일곱째, 중형 냉장고를 카페 뒤쪽에 위치한 창고에 따로 비치해서 부족한 냉장고와 냉동 시설을 보충했다.

여덟째, 온수기가 놓인 아래 부분에는 와인냉장고를 비치해서 볶은 원두를 보관했다.

아홉째, 그 옆에 컵 디스펜서를 비치해서 커피를 분쇄하고, 추출하고, 컵에 담고, 커피 찌꺼기를 버리고, 사용한 컵을 씻는 동작을 가능한 한 바리스타가 서 있는 장소에서 몸을 앞뒤 좌우로 돌리는 동작만으로도 모두 해결이 가능하도록 했다.

지금 보면 별거 아닌 것 같지만 당초 설계할 때는 3.5평이라는 초소형 매장 크기에 맞춘 디자인이었기 때문에 바의 동선을 잡는 데 많은 고민을 했다. 그리고 작은 바에 적합하되 커피 품질에는 영향을 미치지 않을 집기 비품을 고르고 찾아내는 데 많은 시간을 할애했다. 그 결과 5년이 지난 지금도 전혀 사용하는 데 불편함이 없는 우리만의 바가 탄생하게 되었다.

지금도 바리스타가 효율적인 움직임으로 커피를 추출하는 바를 바라보고 있노라면 SF 영화에 나오는 멋진 우주비행선의 근사한 조정실이 떠오른다. 커피 한 잔을 내리는 바의 동선이 우주를 비행하는 우주비행선 내부의 동선처럼 인체공학적이 되려면 바가 카페의 규모와 크기에 따라 바리스타의 동선을 최소화하도록 완벽하게 설계되고 디자인되어야 할 것이다.

인테리어 시작 전에 사용할 모든 집기 비품을 결정해야 한다

본격적으로 인테리어에 들어가기 전에 먼저 집기와 비품을 놓아야 할 곳을 결정해야 한다. 집기 비품의 위치가 결정되면 당연히 집기 비품의 크기 등 사양을 파악해서 그 정보를 인테리어 디자이너에게 전달한다. 먼저 가장 중요한 바의 크기와 구성을 결정하기 위해서는 바 위나, 뒤, 아래에 어떤 집기와 도구를 둘지, 어디다 둘지, 좀 더 세심하게 어떤 회사의 어떤 제품을 쓸지를 확정해야 한다. 그렇게 해야 결정된 바가 처음에 고려했던 위치에 놓을 수 있는 크기인지 판단할 수 있다. 그다음에 바를 중심으로 수납장, 휴지통, 싱크대, 냉장고, 냉동도, 제빙기, 빙수기, 온수기, 그라인더, 진열장 등을 어떻게 놓고 배치할지를 결정해야 하며 오더 존과 픽업 존도 바리스타의 동선을 가장 최적화하는 방향으로 결정되어야 한다.

집기 선택에서 가장 고민이 되었던 것은 원두를 어디에 어떻게 보관할 것인가 하는 것이었다. 원두의 신선도가 커피 맛의 가장 중요한 요소이기 때문이다. 마침 대학원 동기가 와인냉장고를 추천해줘서 지금은 두 대의 소형 와인냉장고에 원두를 보관하고 있다.

드립워머도 드립 커피 전문점에서 빠질 수 없는 집기다. 수 년 전 추운 겨울 부암동 '클럽 에스프레소'에 처음 들렀을 때의 일

커피를 추출하는 동안 온도를 유지해주는 드립워머는
은은한 불빛으로 핸드드립 바의 품격을 높여주는 역할도 한다.

이다. 커피를 주문하고 바와 제법 떨어진 곳에 앉아서 커피를 기다리고 있는데 추출하고 있는 커피의 향기가 그곳까지 진하게 풍겨와 깜짝 놀랐다. 하도 신기해서 바로 직접 가보니, 바리스타가 지금은 아주 흔하지만 그 당시는 다소 귀한 인버터 위에 서버를 놓고 커피를 내리고 있었다. 클럽 에스프레소는 매장이 크고 외풍이 심해서 겨울에는 추출 커피의 온도를 유지하는 일이 쉽지 않은 카페였다. 지금처럼 드립워머가 없었던 시절이라 인버터 위에다 서버를 둠으로써 추출된 커피가 추출 도중 식지 않게 했던 것 같다. 그리고 그 덕분에 추출되고 있는 커피 향이 매장을 가로질러 와서 내 코를 놀라게 했던 것이다. 지금은 드립워머라는 도구가 있어 추출 커피의 온도를 쉽게 유지할 수 있는데, 드립워머 안의 은은한 불빛은 자칫 초라해 보일 수 있는 핸드드립 바의 품격을 높여주는 역할도 한다.

바리스타의 드레스코드 역시 카페의 중요한 인테리어의 요소다. 퀸 시바에는 나이 든 바리스타가 대부분이기 때문에 여름에는 청바지와 하얀색 남방에 흰머리를 감출 수 있는 밀짚모자 등을 쓰고, 겨울에는 추가로 목주름을 가리는 스카프 등을 기본 드레스코드로 정했다. 바리스타의 건강한 신체와 단정한 외모, 커피에 대한 지식과 서비스 태도 등은 카페 영업에 가장 중요한 무형의 인테리어라는 것을 잊어서는 안 된다.

카페를 경영하다 보면 인테리어뿐 아니라 시각디자인과 관련한 부분인 메뉴판, 스티커, 각종 소모품 용기, 포장지, 신제품 소개를 위한 안내문 등에 대한 끊임없는 보완과 수정이 필요하다. 이때 전문가적 관점에서 지속적인 관리가 이뤄지지 않는다면 개업 후 시간이 지나면서 아마추어가 카페를 운영한다는 느낌을 주기 쉽다. 주변에서 카페 인테리어를 직접 하겠다는 사람은 못 봤지만 카페 이름, 스티커, 안내문, 심지어는 카페 로고까지 본인이 직접 디자인해서 사용하는 사람들은 더러 보았다. 카페 주인이 전문적인 시각디자인 영역에 속하는 부분을 직접 하는 것이 나쁘다는 것은 아니다. 다만 전문가가 아닌 사람이 만든 시각디자인은 카페의 디테일을 떨어뜨려 자칫 카페를 동네 사랑방처럼 보일 수 있게 한다. 따라서 카페 개업 후에도 인테리어나 시각디자인이 필요한 부분, 사소하게는 물품의 진열까지도 정기적으로 전문가의 도움을 받아서 관리를 하는 것이 중요하다.

이런 부분은 당초 카페에 대한 인테리어 계약을 할 때, 그 분야의 전문가와 장기적인 관점에서 미리 논의해두는 것이 좋다. 앞서 소개한 대로 퀸 시바의 파트너 중에는 인테리어 디자이너가 있다. 시간이 지나도 퀸 시바가 새로운 느낌으로 지나가는 손님들의 눈길을 끌 수 있는 것은 전문가가 매장 물품의 진열을 재정비하고, 새로운 메뉴를 알리는 광고물이나 명절 선물세트 등에 대한 홍보물을 만들고, 여러 용도의 스티커를 디자인하고 있기 때문이다.

퀸 시바는 아직까지 인쇄된 컵이나 원두 봉투를 사용하는 등 기타 소모품을 고급화하는 데 많은 돈을 들이고 있지 않다. 아직은 규모의 경제가 이루어지지 않았기 때문이다. 하지만 카페와 상품의 디테일을 살려주는 부분에 대해서는 각 파트너가 자신의 영역에서 최선을 다하고 있다. 카페도 하나의 작은 회사라는 점을 항상 기억해야 한다.

카페를 경영하면서 가장 주의해야 할 점은 철 지난 홍보물이 매장에 계속 노출되지 않도록 하는 것이다. 고객들이 그런 홍보물을 보면서 카페의 점주가 매장 관리에 최선을 다하고 있지 않다는 생각을 하게 되기 때문이다. 이러한 생각은 카페가 커피 맛과 품질을 지속적으로 관리하지 않고 있다는 생각에까지 미칠 수 있다.

계절이 변화하는 데 무감각하게 카페를 방치하는 것도 좋지 않다. 봄에는 싱싱한 식물이나 꽃을 심은 화분들로 카페 앞을 꾸민다든지, 물건이 잘 팔리지 않더라도 추석이나 크리스마스, 새해에는 특별한 선물세트를 구비해 홍보를 하는 것이 손님들에게 카페의 변화를 보여줄 수 있는 방법들이다. 크리스마스 등 특별한 시즌에는 이에 맞는 소품을 적극 활용할 필요가 있다.

카페의 음악은 그 카페만의 개성을 보여주는 보이지 않는 인테리어다. 퀸 시바의 경우 음악은 비교적 가벼운 클래식 혹은 카페의 콘셉트와 일치하는 아프리카 뮤지션의 보컬이나 연주곡 등으로 일반 카페 음악과 차별화를 시도하고 있다. 하지만 가을에는 슈베르트가 작곡한 독일 가곡을, 크리스마스 시즌에는 겨울 분위기가 나는 샹송을 트는 식으로 계절의 변화에 맞춰 음악 선곡에 적절한 변화를 주기도 한다.

우리 매장 한편에는 내가 개인적으로 소장하고 있는 CD가 쌓여 있다. 음악을 좋아하는 손님들은 쌓아둔 CD를 하나씩 꺼내 보면서 호기심을 보이기도 한다. 그 옆으로 비치해놓은 커피 관련 책들과 내 논문은 퀸 사바의 커피에 대한 깊이와 노력을 보여주는 일종의 지적인 인테리어 역할을 하고 있다.

마지막으로 가장 중요하게 언급하고 싶은 것은 카페 이름과 인테리어의 동질성이다. 퀸 시바의 부제는 '아프리칸 커피하우스'다. 우리는 이에 부합하는 인테리어로 퀸 시바가 아프리카 커피만을 전문적으로 취급하는 카페라는 점을 표현하고 싶었다. 에드워드는 내가 케냐의 유명 로컬 카페, '자바JAVA'에서 눈여겨봤던 '아프리칸 레드(내가 명명한 이름으로 케냐 등 아프리카 카페에서 인상적으로 사용된 황토색과 진한 붉은색을 섞은 듯한 느낌의 색이다)'를 벽 한쪽에 칠해주는 것으로 다른 장치 없이 우리의 인테리어 콘셉트를 표현했다. 대신 컵 받침, 테이스팅 잔 등에 아프

'아프리칸 커피하우스'라는 콘셉트를 담아내기 위해
퀸 시바의 매장 한 면을 붉은색으로 칠했다.

리카 소품을 써서 간접적으로 아프리카 느낌이 나도록 했다. 매장 오픈 초기에는 아프리카 여행에서 사온 이런저런 소품을 진열장에 비치해서 팔았는데, 이를 통해서 카페 이름과 인테리어의 일체성을 표현하는 데 성공했다. 많은 사람들이 창가에 비치된 아프리카 소품에 이끌려서 카페를 찾았고, 팔지 않으려고 일부러 다소 높은 가격을 매겨놓은 소품들을 거의 뺏다시피 사가곤 했다. 카페가 산만해질 우려가 있어 벽이나 천장에 아프리카 소품을 장식으로 매달거나 진열하는 방식은 지양했다.

이러한 보이지 않는 노력과 연구, 그리고 각 분야의 전문가로서 파트너들이 내리는 최적의 판단을 기반으로 퀸 시바는 지금의 카페로 탄생했다. 이제는 경험을 통해 인테리어라는 것이 눈에 보이는 부분과 눈에 보이지 않는 부분이 함께 공존하는 분야라는 것을 알게 되었다. 눈에 보이지 않는 가장 중요한 인테리어는 물론 카페 주인인 바리스타가 최고의 커피 맛을 내고 유지하기 위해서 들이는 노력일 것이다. 나는 손님들이 이런 보이지 않는 인테리어를 보이는 인테리어보다 더 중요시한다고 생각한다. 그래서 우리는 손님을 맞으며 늘 긴장하고, 최고의 원두를 로스팅하기 위해 끊임없이 공부하며 맛 좋은 커피를 내리기 위해 하루하루 최선을 다하고 있다.

아직까지는 퀸 시바의 보이는 인테리어와 보이지 않는 인테리어가 당초 계획된 대로 잘 유지되고 있다고 믿는다. 하지만 이를

커피 관련 여러 소품들을 진열해놓은 진열장.

지속적으로 잘 관리하기 위해 우리 파트너들은 앞으로도 백조처럼 수면 아래서 쉬지 않고 발을 움직일 것이다.

── 작은 가게는
많은 창의력을 요구한다

    ── 우리의 첫 가게인 통의동 퀸 시바는 3.5평 규모의 모델 No.1을 축약한 형태의 카페였다. 크기는 작지만 우리는 그곳에서 우리가 생각한 카페 비즈니스의 확실한 가능성을 확인할 수 있었다. 우선 우리 카페가 지향하는 '아프리칸 커피하우스'라는 콘셉트는 기대 이상으로 많은 사람들의 호기심을 자극했다. 다만 매장 규모가 너무 작고 골목 안쪽에 위치했기 때문에 손님들이 알고 찾아줄 때까지 다소 시간이 필요했다. 하지만 역설적으로 그 시간이 우리 모두를 크게 성장시켜주었다.

    핸드드립의 가장 큰 단점은 추출하는 데 시간이 많이 걸린다는 것이다. 바를 담당했던 헨리는 그 시간 동안 고노드립이 지닌 이 문제점을 개선하는 데 성공했다. 즉 향이 뛰어난 커피를 고노드리퍼를 이용해서 빠른 시간 내에 맛과 향을 잃지 않고 추출할 수 있는 퀸 시바만의 독창적인 핸드드립법을 창안한 것이다. 그리고 여름 시즌을 대비해서 독특한 풍미를 지닌 더치커피 제조에도 성공했다. 그때 개발한 더치커피가 지금까지 우리 카페의 명성을 높이는 데 한몫하고 있다. 여름에는 더치커피가 에스프레소머신으로 만드는 아이스 아메리카노보다 짧은 시간에 서빙이 가능하기 때문에 영업에 큰 도움을 주기도 한다.

매장이 작다는 것은 많은 창의성을 요구한다. 퀸 시바에서는 겨울에 사용하던 레몬티를 봄철 레몬에이드를 만드는 데 활용하고 있다. 레몬을 썰고 즙을 내기 위해 필요한 작업 공간이 부족하기도 하고 레몬의 재고 부담을 덜기 위해서다. 그 결과 다른 카페와 차별화된 색다른 맛의 레몬에이드가 탄생하게 되었다.

좁은 공간으로 인해 가장 아쉬웠던 점은 매장에 에스프레소머신을 놓을 수 없다는 것이었다. 개인적으로 라테를 좋아하기도 해서 우유 거품을 만들 수 있는 에스프레소머신을 꼭 구비하고 싶었다. 그래서 아쉬운 대로 크기가 작은 가정용 에스프레소머신을 매장에 비치했는데 내구성 부족으로 곧 망가져버렸다. 그 결과 우리는 완전히 만족하지는 않지만 푸어 오버^{pour over} 방식으로 내린 진한 커피와 별도의 포밍 도구로 우유 거품을 만드는 레시피를 개발했고, 지금은 이 방식으로 만든 라테를 고집하는 단골도 생겨났다. 만약 우리가 원하는 라테를 만들기 위해서 에스프레소머신을 매장에 비치했다면 퀸 시바가 지금처럼 핸드드립 전문점으로 자리 매김 하는 데 오히려 방해가 되었을지도 모른다. 핸드드립 전문점이라고 해서 찾아왔는데 매장에 에스프레소머신이 비치되어 있다면 고객은 그 카페의 전문성에 일단 의심을 품게 될 것이다. 그리고 손님이 에스프레소머신을 보고 아메리카노를 주문한다면 전공인 핸드드립을 권유하기도 쉽지 않다. 그러다 보면 아메리카노가 주가 되고 핸드드립 커피는 부가 되는, 모양새가 어정쩡한 카페가 됐을지도 모른다.

필요는 발명의 어머니라고 했던가? 되돌아보면 우리 카페의 정체성을 이루는 모든 것들이 통의동의 작은 공간에 맞추기 위한 노력에서 시작되었다. 처음부터 무턱대고 큰 공간에서 카페를 시작했다면 이루지 못했을 것들이다. 작은 공간을 부족하게 여길 필요는 없다. 오히려 그러한 제약이 생각의 범위를 넓혀주고 창의성을 자극할 수 있다.

── 커피 클래스로
   충성도 높은 고객 확보하기

── 내 꿈은 카페 경영이 아니라 1인 카페 비즈니스 컨설팅과 교육을 통해 핸드드립 커피의 맛을 많은 사람들에게 전파하는 것이었다. 그래서 카페를 오픈하자마자 커피 취미반부터 시작하고 싶었다. 하지만 수강생을 어떻게 모아야 할지가 막막했다. 그때 고등학교 선배 하나가 관심 어린 채근으로 커피 취미반

개설에 힘을 보태주었다.

 나는 우선 커피 교육에 관한 내용을 담은 교재를 완성하고, 커피 클래스 학생을 모집한다는 광고물을 아크릴 틀에 끼워 바 한쪽에 세워두었다. 일단 선배가 여동생과 딸을 1기 커피 클래스의 수강생으로 소개해주었고, 카페 손님으로 온 몇몇 분이 클래스를 신청해주었다. 그중 유명 한복 디자이너와 그와 함께 온 한 일간지 기자도 있었다. 두 분은 커피를 마시다가 우연히 커피 클래스 홍보물을 보고 나에게 강의 내용을 문의했고, 수업이 시작된 이후 한 번의 결석도 없이 열정적으로 수업에 참여했다.

 지금까지의 가장 기억에 남는 수강생은 2기 커피 클래스 수강생이었던 의경이다. 우리 카페를 처음 방문했을 당시 제대가 몇 달 남지 않은 상태였던 그는 제대 후 우리 카페에서 아르바이트를 하기도 했다. 영어 실력이 출중한 그 친구는 카페에 오는 외국 손님들의 접객을 담당하며 외국인들에게 우리 카페 홍보를 톡톡히 해주었다. 그 친구와 일하는 동안 헨리는 커피와 관련한 살아 있는 영어를 배워두었다고 한다.

 2013년 시작된 클래스는 2017년 2월 38기까지 이어지고 있다. 2013년 10월에는 신청자가 너무 밀려서 오전반과 오후반으로 나눠 두 개 반을 운영한 적도 있다. 그동안 수강생들은 대부분 카페의 단골이거나 기존 수강생들의 추천으로 온 사람들이었다. 나는 무턱대고 창업 컨설팅을 받고 싶다고 하는 분들에게도

현재 라 바에서 진행되고 있는 퀸 시바의 커피 클래스 풍경.

꼭 취미반을 먼저 들어보라고 권하고 있다.

신기하게도 지금까지 클래스가 중단된 적은 단 한 번도 없다. 어떤 때는 진행 중인 클래스가 거의 끝나갈 때까지 신청자가 한 명도 없다가 마지막 5주차에 신청자가 다시 넘치는 경우도 있었다. 최근에는 두 번 연속 수업을 듣는 수강생도 생겨나고 있다. 우리는 그분들과 따로 모임을 만들 예정인데, 정기적으로 만나 커피에 대한 이야기도 나누고 핸드드립에 대한 원포인트 레슨도 할 계획이다. 만약 우리 파트너들이 단체로 휴가를 내고 여행이라도 가게 된다면 그분들을 카페에 과감하게 투입해볼 생각도 있다. 따라서 그 정도로 실력이 향상될 때까지 그분들이 원하기만 한다면 지속적으로 핸드드립 기술을 지도할 계획이다.

나는 퀸 시바에서 진행하는 커피 취미반 수강생들에게 커피는 농산품이라는 것을 먼저 인지시키는 것으로 수업을 시작하고 있다. 커피가, 특히 로스팅한 원두가 농산품이라는 것을 인지하게 되면 그다음부터 커피를 어떻게 취급해야 맛있게 먹을 수 있는지에 대해서는 별다른 설명을 하지 않아도 수강생들 스스로 알게 되기 때문이다.

분쇄한 커피를 드리퍼에 넣고 뜨거운 물을 부으면 '브리오슈'라는 버섯 모양 빵처럼 커피가 부풀어 오르기 시작하는데, 이는 커피를 볶을 때 생성된 이산화탄소가 뜨거운 물에 반응한 결과다. 만약 커피가 부풀어 오르지 않는다면 커피 안에 이산화탄소가 이미 사라지고 없다는 것을 의미한다. 이산화탄소는 로스팅할 때 원두 안에 생성되었다가 시간이 지나면서 점차 사라지게 된다. 이 이산화탄소가 사라진 자리에 산소가 슬그머니 들어와 산화가 일어나고 커피의 향이 사라지게 되는 것이다. 뜨거운 물을 부을 때 잘 부풀어 오르지 않는 커피는 사실 로스팅할 때 생성된 이산화탄소와 특유의 향이 거의 사라진 원두라고 보면 된다. 향이 없는 커피를 마실 수는 있지만 커피의 향을 커피의 생명이라고 믿는 사람들에게는 향이 없는 커피는 팥소 없는 찐빵처럼 느껴질 것이다.

이렇게 커피가 농산품이라는 걸 인지한 뒤 수강생들은 커피를 드리퍼와 주전자를 사용해서 손으로 추출하는 법을 배운다. 커피를 추출한 뒤에는 각자 다른 사람이 추출한 커피와 맛을 비교한다. 그러면 대부분의 수강생들이 똑같은 방법으로 커피를 추출했음에도 커피 맛이 서로 다를 수 있다는 평범한 사실을 깨닫고 깜짝 놀라곤 한다. 만약, '왜 내가 추출한 커피 맛과 다른 사람이 추출한 커피 맛이 다를까?'라는 질문을 스스로 하게 된다면 사실 음료로써 커피에 대한 이해는 거의 끝났다고 할 수 있다. 같은 커피라도 내리는 방법과 숙련도에 따라서 맛이 달라진다는 것을 알게 된다면 생두의 종류와 볶음도, 원두 품질, 분쇄도, 물의 온도, 사용한 커피의 양에 따라서 맛이 달라진다는 것은 추가적인 설명 없이도 저절로 이해가 가능해지기 때문이다.

뉴 크롭으로 볶은 지 1~2주 안팎의 원두를 추출 직전 적당한 굵기로 분쇄해서 섭씨 85도 내지 95도 정도의 깨끗한 물로 고노나 칼리타, 혹은 하리오 드리퍼 등 추출할 커피 종류에 가장 적합한 추출 도구를 사용해 각각의 커피가 가지고 있는 개성을 최대로 표출할 수 있는 적정량만을 추출한다면, 누구나 세상에서 가장 맛있는 자신만의 커피를 직접 추출할 수 있다. 물론, 그렇게 맛있는 커피를 집에서 추출해 마시기 위해서는 많은 공부와 반복된 실습이 뒤따라야 한다.

나는 우리의 창업 컨설팅에 관심을 보이는 분들에게 다음과 같은 조언을 하고 있다. 커피와 함께 제2의 인생을 행복하게 살고자 한다면, 그 목표를 커피를 잘 만드는 기술자가 아니라 커피를 잘 가르칠 수 있는 전문가가 되는 데 두라고 말이다. 누군가에게 커피를 가르칠 정도의 전문가가 된다는 것은 우선 마케팅 차원에서 큰 도움이 된다. 커피 클래스에 만족한 수강생은 누구보다 충성도 높은 고객이 될 수 있기 때문이다. 하지만 단순히 마케팅 차원에서만 커피 클래스를 추천하는 것은 아니다. 카페 경영의 목표를 누군가를 가르칠 정도의 실력을 갖추는 것에 둘 때, 커피와 함께하는 삶을 더 오래 즐길 수 있다는 것이 나의 확고한 믿음이기 때문이다.

── 품질보다 중요한 마케팅은 없다

    ── 사실 개인이 카페를 운영하면서 별도의 마케팅을 한다는 것은 비용 면에서 만만치 않은 일이다. 내 생각에 개인 로스터리 카페의 가장 훌륭한 마케팅 방법은 커피 맛과 품질을 높이는 것이다. 커피 맛이 좋으면 고객들이 자발적으로 SNS나 블로그에 카페 홍보를 해주고, 지인들에게 입소문을 내준다. 그렇게 소문이 나다보면 잡지사나 방송사의 취재 요청이 들어올 수도 있다.

  커피 맛과 품질을 최상으로 유지하기 위해서는 먼저 좋은 생두를 구매해야 하고 그다음에 그 생두를 잘 볶아야 한다. 또 볶은 원두의 신선도를 잘 유지하고 원두의 개성이 100% 드러날 수 있게 추출하는 기술도 반드시 필요하다. 그래서 우리는 최고의 생두를 사기 위해 돈을 아끼지 않고, 로스팅 룸에 머무는 시간을 아까워하지 않는다. 볶은 원두는 와인냉장고에 넣어 상태를 최적으로 유지하고, 매일 아침 그날 취급할 원두의 맛을 하나하나 확인해본다. 로스팅머신의 용량이 작은 탓도 있지만 가능한 한 소량만을 볶아서 빠른 시일 내에 소진시키다 보니 자연히 원두 상태가 좋을 수밖에 없었다.

  로스팅 룸에서 커피를 볶는 모습을 보여주는 것도 개인 로스터리 카페의 효과적인 마케팅 방법이다. 실제로 카페에서 커피를 볶다 보면 지나가던 사람들이 "아, 커피 냄새 때문에 그냥 못 가겠네" 하면서 카페로 뒤돌아오는 경우가 종종 있다. 그래서 손님이 뜸한 날에는 헨리가 일부러 로스팅을 하기도 하는데, 그 전략이 성공하는 날도 있고 성공하지 못하는 날도 있다. 내 입장에서는 헨리가 로스팅을 하면 내가 로스팅할 원두량이 줄어들게 되니 무조건 좋다.

마지막으로 개인 로스터리 카페의 장점을 가장 극대화할 수 있는 방법 중 하나는 당연히 커피 클래스를 운영하는 것이다. 내가 첫 직장의 과장이었을 때 일이다. 한참 직장인들 사이에 와인 바람이 불었다. 나도 한 조찬 모임에서 우연히 알게 된 은행원에게 청담동의 한 와인 클래스를 소개받고 그곳에서 와인 수업을 들었다. 와인 선생님은 두산 주류에서 와인을 다루던 분으로 회사를 그만 둔 뒤 청담동에서 조그만 와인숍을 운영하고 있었다. 지금은 프랑스에서 와인 공부를 마치고 귀국한 후 제법 알려진 와인 학원도 운영하고 있다. 사실 나는 그분에게서 알게 모르게 은퇴 후 삶에 대한 영감을 얻었다고 할 수 있다.

와인 수업은 와인숍 안쪽에 위치한, 5~6명 정도 앉을 수 있는 조그만 강의실에서 진행되었다. 우리는 화이트와인과 레드와인을 번갈아 마시며 수업을 들었다. 와인을 배운다는 것은 와인을 마셔본다는 말이다. 당연히 와인 수업을 마칠 때쯤이면 우리 모두 어느 정도 취기가 올라 있었다. 그 와인 수업을 소개해준 은행원이 나와 집이 같은 방향이었는데, 우리집까지 내 차를 타고 와서는 종종 우리끼리 별도의 와인 수업을 연장하곤 했다. 그 연장 수업(?)이 화근이 되어서 나는 와인 중급반을 포기해야 했다. 집사람은 처음에는 내가 와인 클래스를 듣는 것에 동의했지만 와인 수업이 있는 날이면 내가 손님을 모시고 와서 집에서까지 마구 와인을 마셔대는 것을 참을 수 없었던 것이다. 지금 생각해도 와인 상급반 클래스를 마치지 못한 것은 좀 아쉽다.

기본적으로 커피 평가와 관련된 아로마Aroma, 플레이버Flavor, 뒷맛Aftertaste, 바디Body, 산도Acidity 및 밸런스Balance 등의 용어 상당수가 와인에서 빌려온 것이다. 그때 그 용어들이 의미하는 와인의 맛과 풍미를 제대로 배워두었다면 커피를 배울 때도 큰 도움이 되었을 것이다.

우리는 당연히 우리에게 와인을 가르치는 분을 '선생님'이라고 불렀다. 선생님이라는 단어는 적어도 우리나라에서는 보이지 않는 힘을 지닌 단어다. 그래서인지 선생님이 추천해주는 와인은 가격 불문하고 사고 싶었고 사야만 했다. 나도 은퇴 후에 뭔가를 하게 된다면 꼭 관련 클래스를 해야겠다는 생각도 그때 하게 된 것 같다.

와인 클래스를 다닐 때 일이다. 어느 날 와인 수업을 마치고 막 매장을 나가려고 하는데, 한 젊은 부부가 와인 셀러에서 당시

시가 500만 원 상당의 최고 와인이었던 '로마네꽁띠'를 만져보면서 소곤대고 있었다. 나는 호기심에 선생님에게 저분들은 누구냐고 물었다. 선생님은 "아, 저분들은 한의사 부부인데, 내 수업을 들었던 학생들입니다. 내 수업을 듣고 나서 세상에서 가장 맛있다고 소문난 저 와인을 찜해두었는데 가격이 너무 비싸서 24개월 할부로 사기로 했어요. 그래서 매달 몇 십 만원씩 할부금을 내고 있고, 자기들이 찜해놓은 저 와인을 가끔 와서 저렇게 아이 예뻐하듯이 만지고 가는 거랍니다"라고 웃으면서 말했다.

지금도 그 장면을 떠올리면 나는 그런 생각이 든다. 세상에 돈이 너무 많으면 사는 것이 참 재미없을 것 같다는 생각 말이다. 지난날을 생각해보면 뭔가 가지고 싶고 먹고 싶은 것이 있을 때가 가장 행복했던 것 같다. 아이들이 어렸을 때 어느 책에서 읽은 내용이다. 아이들을 키울 때, 아이들이 원하는 것의 70%만 채워주는 것이 아이들의 정신 건강에 좋다는 것이다. 우리도 제2의 인생을 이렇게 생각하고 준비하면 어떨까? 제2의 인생에서 자신이 기대했던 것의 70%만 얻어도 삶이 성공한 것이라고 말이다.

지난겨울 결혼식장에서 대학 동창들을 만났다. 한 명은 유명한 IT회사의 영업 담당 임원으로 근무하고 있는데, 지금보다 더 높은 직책을 목표로 일을 하려니까 이 나이에 벅차다고 하면서 나더러 그런 자기를 어떻게 생각하느냐고 물었다. 나는 지금 하는 일이 좋고, 목표를 더 높은 곳에 두었다면 일에 좀 더 매진하는 것이 좋겠다고 했다. 평균수명이 과거보다 길어졌고 자기 회사가 아닌 이상 언젠가는 지금 다니는 회사를 그만두어야 하는데, 그 뒤에 좀 쉬면서 자기가 좋아하는 일을 할 수 있는 시간은 얼마든지 있기 때문이다.

한 친구는 회사를 그만두고 등산과 운동으로 소일하고 있는데 지금의 상황이 무척 행복하다고 했다. 나는 언제까지 등산과 운동만으로 행복할 순 없을 거라고 말했고 그 친구도 얼마 전부터는 그런 이유로 마음속에 조금씩 갈등이 생겼다고 했다. 다른 한 친구는 대기업에서 과장을 하다가 그만두었는데 은퇴 후를 천천히 계획하고 준비할 시간이 부족해서 인생 전반기를 연장한 것과 같은 삶을 살았다고 한다. 그러나 이제는 조그맣게 하던 개인 사업을 조카에게 물려줄 생각으로 일을 줄여나가면서 자기 시간을 갖고 노년의 삶을 계획하고 있다고 했다.

마지막으로 한 친구는 내가 보기에 전혀 부족한 것이 없는 친구인데 갱년기 증세로 잠을 잘 이루지 못해 병원에서 수면제 처방을 받았다고 했다. 그는 직장 생활보다는 자기가 좋아하는 낚시를 하고 먼 곳의 친구들을 찾아다니면서 소일하는 것이 가장 행복하다고 했다. 다행히 최근에는 불면증을 극복했다고 하니 얼마나 다행인지 모르겠다.

이제 나와 친구들은 예순을 맞이하고 있다. 그런데 아직도 우리 삶은 빠르고 강한 속도로 진행 중이다. 과거에 나는 직장 생활을 통해 가능한 한 빨리 인생에 필요한 경제적 문제를 해결하고 진정으로 자신이 살고 싶은 인생을 앞당겨 오래 즐기며 사는 것이 진짜 성공한 삶이라고 믿었다. 그러나 지금은 제1의 인생을 더 길고 더 치열하게 살아야 한다고 믿는다. 평균수명이 늘어나면서 과거에 비해 은퇴 후 우리가 버텨야 할 시간이 더 많이 늘어났기 때문이다.

포틀랜드, 시애틀 커피 투어

커피 시장, 제3의 물결을 찾아서

2014년 가을 지인으로부터 《월간 커피》에서 스텀프타운이 탄생한 포틀랜드 카페 투어를 계획하고 있으니 같이 가자는 연락이 왔다. 스텀프타운은 커피 시장의 제3의 물결을 이끌어가고 있는 회사 중 하나다. 커피 시장에서 제1의 물결은 흔히 슈퍼마켓에서 대량으로 생산된 캔에 담긴 커피들이 유통되던 시기를 의미한다. 제2의 물결은 1962년 미국의 버클리에서 앨프리드 피츠 커피Alfred Peet's Coffee로부터 시작되었는데, 특별하고 뛰어난 커피를 직접 로스팅해서 신선한 상태로 유통하면서 시작된 새로운 커피 트렌드를 가리킨다. 이러한 트렌드는 스타벅스라는 세계 굴지의 커피 회사가 탄생하는 데 기여했다. 이에 비해 제3의 커피 물결은 마치 와인처럼 커피를 하나의 예술적인 먹거리로 간

주하는 데서 시작되었다. 제3의 커피 시장에서 포지셔닝하기 위해서는 우선 잘 관리된 커피 농장에서 뛰어난 맛과 품질을 지닌 커피를 생산해야 하고, 그런 커피를 감별하고 볶을 수 있는 예술적 감각을 지닌 로스터와 바리스타들이 필요하다. 그 결과 여러 로스터리 카페들이 좋은 장비로 개성이 도드라지는 특별한 커피 블렌딩을 만들어내고 있다.

사실 직장을 그만둔 지 2년이 되고 보니 선뜻 목돈을 들여 여행을 간다는 것이 쉽지는 않았다. 하지만 포틀랜드에는 개성 있는 메뉴 구성과 추출 방법, 독특한 매장 인테리어 등에서 다양한 아이디어를 얻을 수 있는 카페들이 많다는 테라로사 이은선 부사장의 말이 계속 귀에 맴돌았다. 고민 끝에 이번에 가지 못한다면 개인적으로는 언제 갈 수 있을지 모른다는 생각에 포틀랜드 행을 결정했다.

로스터리 카페의 정석, 스텀프타운

포틀랜드 카페 투어의 주요 일정 중 하나는 '스텀프타운' 본사 방문이었다. 그곳에 막 들어서니 입구에 방문객들을 위한 바가 준비되어 있었다. 우리는 생전 처음 보는 에티오피아산 스페셜티 커피들을 주문해 마셨다. 작은 냉장고에 들어 있는 갈색 유리병에 담긴 더치커피는 특별한 디자인으로 구매 욕구를 자극했다. 나는 더치 외에도 몇 종류의 에티오피아산 커피를 그곳에서 구매했다. 한국에 돌아와서는 '스텀프타운 데이'를 정해 그날 산 원두로 내린 커피를 판매하기도 했다.

바에서 커피를 맛본 다음 우리는 로스팅 룸으로 이동했다. 종업원 중 한 명이 그렸다는 일러스트 작품들이 입구 쪽 바에서 로스팅 룸으로 이어지는 벽면에 걸려 있었다. 로스팅 공장에는 어마어마한 크기의 로스팅머신이 그 위용을 자랑하고 있었다. 이곳에서 세계의 이목이 집중되는 원두커피들이 탄생하고 있다는 것이 신기했고, 그 중심부에 내가 와 있다는 사실이 믿기지 않았다.

스텀프타운에 대한 포틀랜드 사람들의 사랑은 대단해 보였다. 스텀프타운 1호점에서 만난 인디언 혈통의 한 여성은 스텀프타운 1호점이 생긴 이후 거의 매일 아침 이곳에서 커피를 마신다고 했다. 스텀프타운 1호점은 매장 내에 로스팅머신이 있다는 점이 스타벅스와 달랐다. 그들이 사용하는 커피는 스페셜티 중에서도 최상급 원두로 신선도를 유지하기 위해 각 매장에서 직접 로스팅을 한다고 했다. 그런 정책으로는 미국에서 로스팅한 원두를 전 세계 매장에 공급하는 스타벅스처럼 빠르게 세계화하기는 쉽지 않아 보였다. 우리가 스텀프타운 본사에서 커핑을 하고 그들의 세계화 전략에 대해서 질문했을 때 그에 대해서는 아직 준비된 바가 없다는 대답을 들었다.

내가 스텀프타운에서 가장 궁금했던 점은 각 매장에서 직접 로스팅을 한다면 커피 맛을 어떻게 일관성 있게 유지 관리하는지였다. 스텀프타운은 본사에서 교육한 로스터를 매장에 파견하고 일정한 간격으로 각 매장에서 로스팅한 원두를 페덱스 등 빠른 배송 수단을 통해서 본사에서 받아본다고 했다. 그렇게 하면 거의 실시간으로 각 매장에서 로스팅된 원두의 품질을 원격으로 관리할 수 있다는 설명이었다. 그런 전략이 지속적으로 지켜질 수 있을지 의문이 들었지만 원두의 신선도를 중요시한다는 관점에서 보면 스타벅스처럼 빠르게는 성장하지 못하더라도 앞으로 커피 맛을 중시하는 사람들이 선호하는 카페 브랜드로 자리 잡아갈 것이 분명했다.

몇 년 전 거액의 자금 유치에 성공한 스텀프타운은 뉴욕과 LA 등에도 지점을 냈다고 한다. 스텀프타운은 신선한 원두 생산이 가능한 소규모 로스터리 카페가 여러모로 벤치마킹할 점이 많은 회사임이 틀림없다. 2015년 스텀프타운은 미국의 대형 커피회사인 피즈 커피 앤 티Pee's Coffee & Tea에 매각되면서 새로운 전기를 맞고 있다. 대형 자본과 결합한 스텀프타운의 추후 행보가 개인적으로 매우 기대된다.

포틀랜드에는 바리스타Barista라는 좀 얄미울 정도로 콘셉트가 뛰어난 카페도 있다. 이 카페는 자신들이 생산한 원두보다는 유명한 커피 회사들의 원두를 모아놓고 파는 일종의 원두커피 편집숍 같은 형태를 취하고 있다. 바리스타 매장에는 포틀랜드의

로스터리의 카페의
정석이라 할 수 있는
포틀랜드 스텀프타운 1호점.

유명 커피 회사들의
원두를 모아서 파는
영리한 콘셉트의 바리스타.

가구 공장 한편을 개조해 만든
코아바의 멋진 매장.

스텀프타운, 시카고의 인텔리겐치아, 샌프란시스코의 블루보틀 등 제3의 커피 시장을 리드하고 있는 카페의 원두뿐 아니라 커피 맛으로 유명한 여러 카페들의 원두가 진열되어 있다. 대동강 물을 팔았다는 봉이 김선달이 생각났다. 자신들은 직접 로스팅 하지 않으면서 커피 애호가들이 선호할 만한 여러 카페의 원두를 구매해서 취급하고 있으니 말이다.

코아바COAVA는 대나무로 가구 등을 제작하던 가구 공장 한편을 개조해서 만든 카페다. 우리가 코아바에 갔을 때 멋진 여자 바리스타가 케멕스를 이용해 양손으로 동시에 커피를 추출하고 있었다. 아무래도 서양 사람들에게 동양적인 고노 드리퍼나 하리오 드리퍼보다는 주둥이가 크고 한때 실험기구로 쓰였다고 알려진 케멕스가 더 편해 보였다. 지금은 퀸 시바의 바 담당 파트너인 헨리와 스칼렛도 주문이 밀리면 양손으로 드립을 하고 있으니 양손 드립이 그다지 신기하지 않지만, 그 당시 양손 드립을 하고 있는 코아바의 바리스타는 내게 충분히 이국적이고 매력적이었다. 이 외에도 '스팀펑크'라는 기발한 추출 도구를 개발해서 커피를 추출하는 'RR(Ristretto)'이라는 카페도 인상적이었다.

시애틀 스타벅스 1호점과 데이비드 쇼머의 비바체

포틀랜드의 여러 카페들을 방문한 뒤 우리는 시애틀로 이동해

스타벅스 1호점을 방문했다. 그곳에서 지인들에게 선물할 기념품으로 스타벅스 초창기의 갈색 로고가 찍힌 머그잔을 샀다. 벤티 사이즈의 아메리카노는 서울에서 먹었던 맛과 크게 다르지 않았다. 커피 맛이 서울과 별 차이가 없다는 사실에 안도하면서도 왠지 모를 서운함도 느꼈다.

시애틀과 포틀랜드가 위치한 미국 서북부는 비가 자주 오고 쌀쌀해서 옛날부터 차나 커피를 많이 마셨다고 한다. 스타벅스나 스텀프타운 같은 멋진 커피회사가 생긴 데는 이런 배경이 있다. 시애틀에는 또 한 곳의 유명한 카페가 있다. 엔지니어 출신인 '데이비드 쇼머David Schomer'가 운영하는 '비바체Vivace'다. 우리가 방문했을 때도 매장 안은 손님들로 북적이고 있었고, 3~4명의 바리스타들이 쉴 틈 없이 커피를 내리고 있었다.

공학도 출신인 데이비드 쇼머는 커피의 완전체로 알려진 에스프레소머신의 기계공학적인 부문에 정통한 사람으로 《에스프레소 커피Espresso Coffee》라는 책을 출간하기도 했다. 그의 책을 보면 완벽한 에스프레소 한 잔을 추출하기 위해 얼마나 많은 시간 동안 기계를 공부해야 하는지, 커피 맛을 유지하기 위해 얼마나 철저히 기계를 관리해야 하는지, 온도나 습도 등 기후 변화에 따라서 얼마나 세심한 주의력으로 커피를 다뤄야 하는지를 배울 수 있다. 비바체는 아름답고 격조 있는 로코코풍 실내장식으로 꾸며져 있었지만 너무 많은 손님들로 어수선하고 부산한 것이 스타벅스 1호점과 다를 바 없었다. 함께 간 일행들은 비바체에서 에스프레소 잔과 머그컵, 그리고 특별한 숫자 등이 새겨진 템퍼 등을 기념품으로 샀다.

개인 카페 비즈니스의 성공 요소들

포틀랜드와 시애틀 카페 투어를 다녀와서 왜 카페 비즈니스로 성공하고 싶으면 포틀랜드를 다녀오라는 말이 있는지 이해가 됐다. 포틀랜드에는 스텀프타운처럼 큰돈을 투자받는 데 성공해서 미국 내 매장을 꾸준히 늘려가는 카페도 있지만 대부분의 카페는 자신만의 개성 있는 인테리어와 독창적인 메뉴, 그리고 취급 원두나 추출 방법의 차별화로 스타벅스 같은 대형 커피숍에 절대 뒤지지 않는 경쟁력을 지닌 '로스터리 카페'의 형태였다. 포틀랜드 카페 투어에서 내 나름으로 파악한 개인 카페 비즈니스의 성공 요소는 다음과 같다.

첫째, 지나가는 손님들의 발길을 멈추게 하는, 독창적이지만 지나치게 화려하지 않은 인테리어, 혹은 공장이나 창고 등 기존의 공간을 활용한 재활용 인테리어와 개성 있는 매장 레이아웃

둘째, 세계 최고 품질의 생두를 사용해서 개성 있는 맛을 구현해내는 뛰어난 로스팅 기술과 로스터리의 개성을 100% 이상 보여주는 장인 수준의 블렌딩 기술

셋째, 에스프레소머신이나, 스팀펑크, 케멕스, 프렌치프레스 등 다양한 추출 도구를 이용한 커피 추출 방법의 차별화

넷째, 새롭게 시도되고 있는 최고 품질의 커피 맛을 살리기 위한 싱글 오리진 에스프레소

다섯째, 숙련된 기술을 지닌 바리스타

여섯째, 자신들이 원하는 맛과 품질을 지닌 생두를 현지에서 직접 조달하려는 노력

물론 이런 요소들은 안다고 해서 쉽게 따라할 수 있는 것은 아니다. 각각의 로스터리가 지금의 차별화된 경쟁력을 확보하기

위해서 들인 시간과 노력은 쉽게 흉내 낼 수 없기 때문이다. 한 국에서 카페로 성공하고 싶거나 커피에 개인적인 관심이 있다면 포틀랜드로 카페 투어를 떠나보기를 권한다. 시간적, 경제적 여 유가 충분하지 않다면 포틀랜드까지 갈 필요는 없다. 국내에도 미래지향적이며 뛰어난 커피 맛을 추구하는 카페들이 많이 있 다. 커피 맛이나 뛰어난 개성으로 명성을 얻은 커피숍을 투어하 는 것은 카페 비즈니스를 시작하기 전에 반드시 거쳐야 할 필수 과정이다. 카페 창업을 준비하는 사람이라면 선택과 집중, 차별 화 정책을 통해 당당히 자신만의 색깔을 만들어가는 소문난 카 페들을 찾아가 적극적으로 아이디어를 얻길 바란다.

5장

멈추지 않고
성장하는
카페로

창의적인 시도로 비즈니스 영역 넓히기

—— 3.5평에서 14평 카페로

—— 2012년 11월 중순 3.5평의 작은 공간에서 시작한 퀸 시 바는 이듬해 5월부터 점차 늘어나는 손님들로 조금씩 바빠지기 시작했다. 통의동에서 카페를 하면서 나는 통의동만의 숨은 매력을 조금씩 발견하게 되었다. 이는 1인 카페의 임대 조건 중 하나인 '사는 집에서 가까운 매장'이라는 첫 번째 조건을 상쇄하기에 충분했다. 그렇게 가게가 어느 정도 자리를 잡아가던 어느 날 에드워드가 다급한 목소리로 전화를 해왔다. 통의동 1-1번지에 갤러리로 사용되던 매장이 하나 나왔다고 했다. 우리 파트너 4명은 연락을 받은 날 저녁에 통의동에 모여서 저녁을 함께 하고 그 매장을 우리의 비즈니스 모델 No.3을 구현하는 플래그십 스토어로 사용하기로 결정했다. 우리는 건물 주인의 요구대로 그다음 날 오전 우리가 매장을 임대하겠다고 통보했다.

매물이 나온 지 하루 만에 매장 이전에 대한 의사결정이 가능했던 것은 이익이 나야 배당을 하는 구조로 계약된 우리의 '파트너십' 덕분이었다. 즉, 플래그십 스토어인 카페를 경영하는 데 외부 인건비가 발생하지 않는 구조였기 때문에 쉽게 모델 No.3의 실행을 결정할 수 있었던 것이다. 또한 카페에 투자한 파트너는 보증금을 제외한 투자비(시설 및 인테리어 비용 포함)를 세무상 감가상각 기간인 5년 내에 분할해서 우선 상환 받을 수 있도록 파트너들끼리 약속했기 때문에 투자비 회수에 대한 고민은 하지 않아도 됐다. 그리고 첫 카페에서 우리가 창안한 1인 카페 비즈니스 모델과 아프리칸 커피하우스라는 콘텐츠가 최소한 카페 영업에서 적자를 내진 않을 것이라는 검증을 거쳤기 때문에 매장을 키우는 것에 더욱 자신이 있었다.

우리는 14평 정도의 이 새로운 공간에서 우리의 비즈니스 모델 1, 2, 3을 한번에 보여주고 싶었다. 다만 공간이 좁고 긴 형태라 입구 쪽에 로스팅머신을 두는 것은 불가능했다. 고민 끝에 로스팅머신은 가게 안쪽 창고에 두기로 하고, 매장에서도 로스팅머신이 보이도록 벽을 허물어 창문을 만들기로 했다. 새로 만든 창문에는 연한 노란색 시트를 붙여 밖에서 보면 로스팅머신이 마치 먼 우주에 홀로 떠도는 우주선 같은 신비한 느낌이 나도록 했다. 창고 뒤편에는 가정집들이 위치하고 있었기 때문에 상당한 비용을 들여 로스팅 시 나는 냄새와 연기를 잡는 제연기를 설치했다. 그런데 제연기를 가동하다 보니 결과적으로 커피 볶는 냄새가 카페 안팎으로 전혀 새나가지 않게 되었다. 손님들은 점차 늘어갔지만 많은 사람들이 우리가 원두를 직접 볶고 있다는 사실을 알지 못해서 좀 아쉬웠다.

로스팅 룸을 만들고 위험천만한 상황도 있었다. 그동안 구리의 교회에 보관하고 있던 로스팅머신을 통의동으로 옮기고 로스팅을 하던 첫날, 배관 일부가 고열에 녹아버려 큰 화재가 날 뻔한 것이다. 제연기에서 나오는 열이 400도가 넘는다고 해서 사전에 여러 사람들의 조언을 받아 배관을 설치했음에도 불구하고 일부 배관이 높은 온도에 속절없이 녹아버렸다. 우리는 빨리 사고를 수습하고 다시는 유사한 사고가 발생하지 않도록 2중 배관을 설치했다. 2중 배관은 배관과 배관 사이에 단열재를 넣어서 700도의 온도에도 끄떡없다. 지금은 그 정도 고열은 견딜 수 있는 한 겹의 세라믹 배관이 개발되어서 저렴한 비용으로도 시공이 가능하다고 하니 제연기를 설치할 때는 안전하되 경제적인 여러 배관 방법을 찾아볼 필요가 있다.

이렇게 한 매장 안에 바의 기능이 강화된 모델 No.1과 로스팅 기능이 강화된 모델 No.2를 함께 놓고, 여분의 공간에 손님들이 편하게 앉아서 커피를 마실 수 있는 의자를 비치하자 대략 20여 명이 앉아서 커피를 마실 수 있는 퀸 시바의 비즈니스 모델 No.3가 탄생하게 되었다. 드디어 통의동에서 유일하게 에스프레소머신이 없는 핸드드립 전문 커피숍이 탄생하게 된 것이다.

매장 규모를 키울 때 고려해야 할 점들

사실 카페를 3.5평에서 14평 규모의 매장으로 이사하는 것은 우리의 당초 계획과 조금 달랐다. 카페 유지 비용 측면이나 1인 카페 비즈니스 컨설팅을 좀 더 효과적으로 하기 위해서는 모델 No.1, 혹은 No.2에 적합한 7~10평 내외의 카페가 더 적합했다. 하지만 14평 규모의 공간에서 모델 No.1과 No.2를 한꺼번에 보여줄 수 있는 모델 No.3을 실현해보는 것도 괜찮을 것 같다는 생각이 들었다. 그러나 만약 누군가 우리처럼 작은 규모의 카페에서 성공한 다음, 카페의 크기를 좀 더 키우고 싶다면 반드시 다음과 같은 점들을 고려해야 한다.

우선 카페를 키우게 된다면 당연히 임대료가 오르고 권리금이나 보증금도 더 높아진다. 따라서 카페의 크기를 늘리기 전에 반드시 그러한 비용을 감당할 수 있는 경제적 여유가 있는지 먼저 진지하게 검토해 보아야 한다.

1인 경영이 가능했던 모델 No.1, 혹은 No.2의 카페에서 모델 No.3 같은 크기의 카페로 옮겨가게 되면, 카페는 더 이상 1인 경영이 불가능해진다. 따라서 카페를 키워서 늘어나는 매출과 늘어나는 비용, 즉 임대료, 관리비, 직원을 추가로 고용하는 데 드는 인건비와 기타 부대 비용 등을 비교해봐서, 매출로 인한 수익

증대가 카페 규모가 커지면서 늘어나는 비용을 충분히 커버할 수 있는지 철저한 사전 분석이 필요하다.

예를 들어 매장을 13평에서 20평으로 늘릴 때 월 임대료가 70만 원 증가하고 인건비가 종업원 1명 추가 고용으로 130만 원이 더 들고 전기료 등 관리 비용이 20만 원 더 증가한다고 가정하면 총 비용 증가는 220만 원이 된다. 만약에 매출에서 차지하는 변동비가 50%라고 가정한다면 카페를 확대하면서 증가하는 추가 비용을 커버하기 위해서는 추가로 매출이 440만 원이 증가해야 하고, 커피 한 잔을 5,000원에 판다고 가정하면 한 달에 880잔을 더 판매할 수 있어야 한다. 결과적으로 한 달 30일 영업을 가정하면 하루에 30잔 정도를 더 팔 수 있어야 매장 규모를 키우겠다는 결정이 합리적이 된다.

기존 카페보다 매장 크기가 7평 정도가 더 커지면 2인용 테이블은 4~5개 정도 더 놓을 수 있고 대략 8~10명 정도 손님을 더 받을 수 있는 공간이 생긴다. 이 늘어난 테이블이 하루에 최소 3회전은 되어야 30잔을 더 팔 수 있고, 결과적으로 매장 이동으로 증가한 제 비용 220만 원을 감당할 수 있다. 분석을 간단히 하기 위해 이 경우에는 권리금 증가로 인한 위험 부담이나 보증금 증가로 인한 이자 비용 등은 전혀 고려하지 않았고, 매장 이전으로 인한 인테리어 비용, 집기 비품 추가 취득으로 인한 감가상각비 증가도 고려하지 않았다. 하지만 실제로 매장을 키우고

자 할 때에는 이러한 요소들까지 상세히 감안해서 소위 경제성 분석이라는 것을 철저히 해야 한다. 그래야 성공 확률을 높일 수 있다. 만약 종업원을 고용하는 대신에 부부가 함께 카페를 운영한다면 외부로 지급되는 인건비는 발생하지 않기 때문에 카페를 키워서 이전하는 것에 대한 의사결정은 훨씬 더 쉬워질 것이다.

그러나 카페 영업을 하다 보면 하루에 음료 30잔을 더 판다는 것이 그리 쉬운 일이 아니라는 것을 알게 된다. 그래도 카페 영업에 자신이 생기고 요령도 붙어서 좀 더 큰 규모의 카페를 운영할 자신이 생겼다면 부부가 함께 해보는 건 어떨까? 카페를 조금 키워서 부부가 각자 자신들의 인건비 이상을 벌게 된다면 혼자서 카페를 운영하는 것보다 훨씬 더 재미있는 삶을 꾸려갈 수 있을 것이다.

우리의 경우 모델 No.3의 규모로 카페를 키우는 것에 대해서 많은 고민을 하지는 않았다. 우선 기존의 카페가 우리가 창안한 모델 No.1이나 No.2보다 많이 작았기 때문에 적정한 크기의 카페를 찾아서 이사하는 것이 급선무였다. 그리고 새로 이사 갈 카페의 보증금이나 권리금이 운 좋게도 '사업'이 아닌 '놀이'를 하기에 부담이 없는 금액이었을 뿐 아니라, 전문가 수준의 4명의 파트너가 함께 카페를 경영할 예정이라 카페를 운영할 외부 인력을 추가로 충원할 필요도 없었다. 그 외에도 로스팅머신 등 주요 설비 등은 기왕에 투자를 마친 탓에 추가 설비 투자는 상대적으로 그 규모가 미미했다. 공간이 좁아서 구입하지 못했던 제빙기와 온수기 외에 난방과 냉방이 동시에 가능한 에어컨 정도만 추가로 구매했다.

우리는 우리의 인테리어 정책을 새로 이사 갈 매장에도 엄격히 적용했다. 즉, 나중에 옮겨갈 수 없는 부분에 대한 인테리어 경비는 최소화했다. 에드워드가 우리의 인테리어 정책을 충분히 이해하고 그대로 실행해준 덕분에 새로운 카페는 큰돈을 들이지 않고도 지나가는 사람들이 일단 들어와 보고 싶어지는 공간으로 탄생하게 되었다.

불과 1년 뒤 창고 안에 있던 로스팅머신을 길 쪽에 설치하기 위해서 카페를 바로 옆 매장으로 이전했을 때도 이러한 인테리어 정책 덕분에 큰 비용이 들지 않았다. 기존의 에어컨이나 전기, 배수, 등 기본 설비 비용 또한 운 좋게 새로운 임대인에게 모두 전가할 수 있었다.

2013년 6월 퀸 시바는 경복궁 담장 맞은편 도로에 자리를 잡았다. 봄에서 가을까지 그 담장을 따라 은행 나뭇잎들이 햇빛을 받아 반짝거리는 것을 볼 수 있다. 경복궁 담장을 바라보고 앉아서 커피를 마시고 있으면 그 담이 우리에게 말을 걸어오는 것 같다. 무슨 말을 하는지는 알 수 없지만, 그냥 웃어주면 그 담도 우리에게 가까이 다가왔다가 알 수 없는 표정을 하고서는 다시 멀어져 가곤 한다. 우리네 삶이 그러하듯이 말이다.

현재 통의동 1-7번지에 위치한 퀸 시바는
청와대로 향하는 대로를 사이에 두고 경복궁 담장과 마주보고 있다.

퀸 시바 로스팅 룸 앞에서.

── 공간과 시간을 구분한
이종 업종 간 컬래버레이션

── 2014년 5월 우리는 로스팅 공간을 보다 효율적으로 만들기 위해 옆 매장으로 카페를 옮겼다. 새로 옮긴 매장은 24평 정도로 비즈니스 모델 No.3에서 제시한 20평보다 다소 컸다. 24평의 매장을 효율적으로 관리하기 위해서는 바리스타가 3명 정도 필요한데, 이는 우리가 원하던 바가 아니었다. 고민 끝에 우리는 꽃집과 전문 요리서적을 취급하는 사람들을 만나 매장 공간을 공유하기로 했다. 그렇게 퀸 시바는 세 가지 업종이 공존하는 숍인숍 개념의 카페로 재탄생하게 되었다.

마침 비싼 임대료로 많은 소상공인들이 받는 불이익과 고통이 사회문제화되던 시점이라 한 공간에 세 개의 색다른 숍이 공존하는 우리 카페에 대해 여러 미디어가 관심을 보여주었다. 퀸 시바의 숍인숍은 2015년 초 〈매일경제〉와 2015년 8월 MBC '경제매거진 M에' 임대료 부담을 줄이기 위해서 시도되는 여러 케이스 중 가장 성공적인 케이스로 소개되었다.

한편 우리가 이사를 하면서 비게 된 옆 매장은 에드워드가 알아서 사용하기로 했다. 2016년 현재 우리 매장이 위치한 통의동 1-7번지를 기준으로 그 주변을 설명하자면, 퀸 시바 매장 바로 좌측에 있는 매장이 바로 퀸 시바가 당초 사용하던 14평 규모의 통의동 1-1번지 매장이고, 그 매장 바로 좌측 길가 코너에 위치한 매장이 '디미'라는, 통의동에서 이탈리아 음식으로 제법 알려진 레스토랑이다. 에드워드는 우리가 퀸 시바로 사용하던 1-1번지 매장을 바로 옆 건물에 위치한 이탈리안 레스토랑 '디미'의 쉐프와 상의해서 크래프트 비어 전문 펍 '라 바'로 오픈했다.

이 펍은 경영과 소유를 분리한 새로운 개념의 펍이다. 에드워드가 매장을 임대하고 사업자등록을 한 다음, '디미'의 요구에 따라 펍의 인테리어와 기타 펍 경영에 필요한 모든 집기 비품을 매입하고 원자재 구매와 관리에 필요한 초기 운영 자금을 제공한다. 동업자인 '디미'는 맥주와 안주 등 주요 메뉴를 결정한 뒤

현재 퀸 시바는 꽃집 '리베 본 디 파베'와 전문 요리책 서점 '맛을 알아가는 방법'이
매장을 공유하는 숍인숍 개념의 카페다.

퀸 시바 매장 안쪽에 자리 잡은 전문 요리책 서점 '맛을 알아가는 방법'.

맥주는 본인들이 직접 재고를 관리하고 안주는 주문이 들어오면 바로 옆 레스토랑 '디미'에서 요리해서 손님들에게 제공한다. 직원을 파견해 매장을 경영하고 관리하는 것도 디미의 몫이다.

즉, '라 바'는 에드워드가 임차하고 사업자등록을 하고 인테리어 및 모든 집기와 비품을 구비해둔 매장에 디미가 일종의 '케이터링' 방식으로 매일 저녁 6시부터 직원을 파견해서 펍을 운영하는 새로운 콘셉트의 사업이다. 나는 이 둘의 사업 구상을 듣고 이 펍의 경리는 맡아주겠다고 했다. 대신 펍이 문을 여는 저녁 6시까지는 내가 시도하고 싶었던 싱글 오리진 에스프레소 바를 운영해보자고 제안했다.

과거 갤러리였던 공간을 맥주만 취급하는 펍으로 바꾸는 것에 다소 소극적이던 매장 주인도 싱글 오리진 에스프레소와 신선한 크래프트 비어를 함께 파는 바로 바꾸겠다는 에드워드의 제안에 긍정적인 반응을 보였다. 라 바는 펍이 주된 사업이기 때문에 당연히 펍 개념을 위주로 매장을 인테리어했으나, 컬래버레이션을 위해서 매장 입구 쪽에서 보면 왼쪽에는 크래프트 비어 바를, 오른쪽에는 에스프레소 바를 설치하기로 했다. 퀸 시바는 에스프레소 바의 설치와 이와 관련한 머신 등 집기 비품만을 부담하기로 했다. 그 결과 통의동에서는 처음으로 타임 존, 즉 두 가지 업종이 동일한 공간을 시간대를 구분해서 공유하는 새로운 개념의 비즈니스 컬래버레이션이 탄생하게 되었다.

우리는 라 바가 비록 에스프레소를 베이스로 하는 커피만을 취급하기로 했지만 라 바와 퀸 시바, 두 매장 간 커피라는 동일한 상품으로 경쟁하는 일이 발생하지 않도록 라 바에서 판매할 커피에 대한 개념을 재정립할 필요가 있었다. 다음은 우리가 퀸 시바와 라 바의 차별화를 위해 수립한 정책이다.

첫째, 우선 라 바의 에스프레소는 '커피 시장의 제3의 물결'이라는 트렌드와 함께 포틀랜드 등에서 시도되고 있는 싱글 오리진 에스프레소를 중점적으로 취급하기로 했다. 포틀랜드를 방문했을 때, 나는 그곳의 많은 카페들이 블랜딩하지 않은 단종의 커피를 에스프레소머신으로 추출하는 것을 보고 놀랐었다. 품질이 좋은 커피를 일부러 다른 커피와 섞을 필요가 없다는 것이 그들의 생각이었다. 나도 라 바를 통해서 싱글 오리진 에스프레소를 취급하는 바를 만들고 싶었다. 이는 블랜딩된 원두를 주로 사용하는 주변의 많은 카페들과 차별화할 수 있는 지점이기도 했다.

둘째, 핸드드립 커피 전문점인 퀸 시바와 동일한 품질의 싱글 오리진 커피를 취급함으로써 추출 방법은 다르지만 두 매장이 같은 커피를 사용한다는 아이덴티티를 고객에게 심어주기로 했다. 다양한 종류의 싱글 오리진 에스프레소를 취급하기 위해서 작은 에스프레소 바에 무려 네 대의 그라인더를 구비했다. 세 대의 그라인더는 싱글 오리진 커피용으로, 나머지 한 대는 라테 등을 만들기 위한 블랜딩 커피용이다.

퀸 시바는 현재 크래프트 비어를 취급하는 라 바의 매장에서
오후 6시까지 싱글 오리진 에스프레소 바를 운영 중이다.

셋째, 싱글 오리진 커피를 주로 취급하는 바를 추구하지만, 우리나라 사람들이 아직까지 에스프레소에 익숙하지 않은 점을 고려해서 롱고 세트Lungo Set라는 이름의 새로운 메뉴를 런칭했다. 롱고 세트는 원 샷은 에스프레소 형식으로, 나머지 원 샷은 아메리카노 혹은 카푸치노 형식으로 제공하는 라 바만의 독창적인 메뉴다. 즉, 한 잔의 커피 값으로 에스프레소와 아메리카노를 동시에 제공함으로써 에스프레소에 익숙하지 않은 손님들도 부담 없이 싱글 오리진 에스프레소를 맛보게 하려는 의도를 담았다. 나중에 《1%의 카페를 찾아서》라는 책에서 보니 미국의 버브 커피 로스터Verve Coffee Roasters의 시그니처 메뉴인 원앤원One and One이 싱글 샷으로 추출한 에스프레소와 카페 마키아토를 한 세트로 구성해서 인기를 얻고 있다는 사실을 알고 놀라기도 했다.

넷째, 커피 외 음료로 레몬을 주로 사용하는 퀸 시바와 달리 여름에는 열대과일을 이용한 스무디를 선택했고, 겨울에는 최고급 프랑스 코코아로 만든 핫초코를 취급하기로 해 퀸 시바의 음료 메뉴와 겹치지 않도록 신경 썼다.

다섯째, 퀸 시바와 같은 원두를 사용하기 때문에 싱글 오리진 에스프레소일 경우 더블 샷을 기준으로 퀸 시바의 핸드드립 커피와 동일한 가격을 책정했다. 이 또한 동일한 원두를 사용하는 두 매장의 커피 가격이 다를 경우 발생할 수 있는 경쟁을 막기 위함이다.

우리 파트너들은 이러한 과정을 통해서 생각지도 않게 '싱글 오리진 에스프레소 바'를 운영할 수 있게 되어 기뻤다. 서로 붙어 있지만 추출 방식에 따라 슬로우 라이프와 패스트 라이프를 상징하는 서로 다른 두 가지 스타일의 커피를 동시에 취급하게 된 것이다. 기대했던 대로 퀸 시바는 매장 이전 후 빠른 시간 내에 정상 궤도에 올랐다. 일종의 테스트 숍으로 간주했던 라 바의 싱글 오리진 에스프레소 바도 우려와 달리 빠르게 성장해주었다. 그런데 라 바의 바리스타가 자주 바뀌는 예기치 않은 상황이 반복되면서 커피의 품질 관리에 허점이 발생했다. 이로 인해 시간이 갈수록 라 바의 매출이 줄어들었지만 문제를 해결하기가 쉽지 않았다.

—— 책임 경영을 위한
소사장제 도입

—— 라 바의 '에스프레소 바' 경영은 라 바의 펍과 동일하게 '소유와 경영을 구분하는 방식'으로 시작되었다. 이와 더불어 일종의 소사장 제도를 함께 도입해서 운영했다. 즉 퀸 시바가 매장 임대와 필요한 집기 비품의 구매, 원료 공급, 운영 자금 등을 책임지고 바리스타는 경영만 하는 구조였다. 또한 적자가 발생

하더라도 바리스타에게 최소한의 급여는 보장해줌으로써 바리스타는 어떠한 경우에도 금전적인 책임은 지지 않도록 설계했다. 즉, 경영은 바리스타에게 전적으로 위임하고 퀸 시바는 카페의 '소유'라는 개념 이외에 추가로 커피의 '맛과 품질'을 책임지기로 했다. 즉 바리스타의 유일한 임무는 퀸 시바가 요구하는 수준의 맛과 품질을 유지하기 위해 끊임없이 노력해야 한다는 것이었다. 또한 소사장 제도를 효율적으로 운용하기 위해서는 당연한 결정이었지만 성과급 제도를 도입했다. 따라서 바리스타가 퀸 시바가 요구하는 카페의 커피 맛과 품질을 유지하면서 매출 증대를 위해 노력한다면 그의 의무는 다하는 셈이었다. 물론 매출이 증가하면 성과급도 상승할 것이다.

라 바의 에스프레소 바 매출은 소사장 제도의 장점으로 빠르게 증가하기 시작했다. 하지만 첫 번째 소사장이었던 바리스타가 2014년 여름 개인적인 이유로 카페를 떠나면서 우리는 더 이상 성과급 조건으로 일하려는 바리스타를 찾을 수 없었다. 대부분의 바리스타들이 안정적인 고정급을 원했기 때문이다. 어쩔 수 없이 시급을 원하는 바리스타를 고용해 카페를 경영하자 매출은 소사장 시절에 비해 현저히 감소하기 시작했다. 또한 성과급 제도가 없어지자 매출 증대의 동기가 사라진 바리스타들이 커피의 맛과 품질을 관리하는 데 최선을 다하지 않았다.

우리는 이 문제를 해결하기 위해 우리와 뜻을 같이하는 바리스타를 계속해서 찾았고, 2015년 여름 소사장 제도에 긍정적인 현재 라 바의 바리스타 엘레나를 만나게 됐다. 처음처럼 경영과 소유를 다시 분리하고 소사장 제도와 성과급 제도를 도입하자 에스프레소 바의 매출은 다시 초기의 매출 규모를 천천히 회복해가고 있다. 먼 길을 돌아왔지만 라 바의 에스프레소 바 경영을 통해서 이익을 나누는 소사장 제도야말로 자본주의에서 가장 적합한 비즈니스 모델 중 하나라는 것을 확인할 수 있었다.

── 카페를 대표하는 하우스 블랜드 커피 개발

── 우리는 소자본으로 경영이 가능한 1인 카페 비즈니스 모델을 만들고 에스프레소머신을 사용하는 커피숍들과의 차별화를 위해서 핸드드립 커피 전문점을 열었다. 그러나 이 모델의 성공 가능성을 실험하면서도 우리는 여전히 에스프레소에 대한 미련을 버리지 못하고 있었다. 또한 커피에 대한 관심보다는 휴식과 여유를 위해 카페를 이용하는 손님들은 대부분 친근한 메뉴인 아메리카노를 찾기 때문에 아메리카노 메뉴가 필요한 상황이었다. 하지만 핸드드립 커피 전문점으로서 에스프레소에 물을 타서 만드는 아메리카노는 우리 카페 콘셉트와 전혀 맞지 않았

다. 그래서 생각한 것이 아메리카노 대신 에스프레소용 블랜딩 원두를 개발해서 이를 '퀸 시바 하우스 블랜드'라는 이름으로 판매하자는 것이었다.

그러던 차에 지금까지 커피에 대한 나의 열정을 전폭적으로 응원해주던 고등학교 선배가 자신의 회사에 에스프레소용 원두를 납품해달라고 요청을 해왔다. 우리는 선배 회사에 납품을 위해서라도 하우스 블랜드의 개발을 서둘러야 했다. 처음에 우리는 아프리칸 커피하우스라는 점에 치중해서 아프리카산 생두만을 사용한 블랜딩 원두를 개발하려고 노력했다. 하지만 스페셜티급의 케냐와 에티오피아의 예가체프 G1, 그리고 탄자니아 AA와 유일하게 아프리카산이 아닌 브라질산 스페셜티급 생두를 사용해서 만든 최초의 하우스 블랜드 커피는 여러 가지 이유로 신맛이 지나치게 도드라졌다. 이를 보완하기 위해 다양한 조합을 시도해보다 우리가 생각하는 맛과 풍미를 지닌 블랜딩 커피를 개발하기 위해서는 아프리카 커피만을 써야 한다는 생각을 버려야 함을 깨달았다. 우리는 다시 여러 지역, 여러 등급의 원두를 조합해 블랜딩 원두 개발에 박차를 가했다.

먼저 우리가 원하는 블랜딩 커피의 맛은 어떤 것인지에 대해서 파트너들과 충분한 의견을 나눴다. 그 결과 4명의 파트너가 바라는 하우스 블랜드는 바디감이 있고 쓴맛은 아니지만 쌉쌀하되 단맛이 살짝 나고, 도드라지진 않아도 신맛이 잠재되어 있어야 했다. 가장 중요한 것은 커피를 마실 때 입안이 꽉 찬 느낌을 지닌 맛이어야 한다는 것이었다. 이렇게 우리가 원하는 맛을 찾기 위해서 여러 책을 참고하고 주변에 맛있는 에스프레소 원두를 볶고 있는 지인들의 조언을 종합해 먼저 우리가 찾는 맛에 적합한 생두 네 가지를 선정했다. 바디감을 위한 브라질과 약간의 쌉쌀한 맛을 위한 콜롬비아 그리고 갈무리된 신맛과 입안에 꽉 찬 느낌을 위한 케냐, 스모키한 맛을 구현해줄 과테말라 안티과가 그 후보들이었다. 우리는 이 네 가지 원두를 적절히 배합해 원하는 맛의 블랜딩 커피를 개발하기로 했다.

우리는 최근의 로스팅 추세에 맞추어 볶음도는 2차 팝핑이 본격적으로 일어나기 직전으로 정하고 네 가지의 콩을 개별적으로 볶아 각 원두의 맛을 평가해보았다. 그다음 네 명의 파트너가 개별 원두의 맛에 근거해서 각자 생각하는 바대로 원두를 블랜딩한 뒤 블라인드 테스트를 통해서 선정된 커피를 근거로 최종 블랜딩 비율을 결정하기로 했다. 그 결과 뜻밖에도 카페의 인테리어 담당 파트너인 에드워드의 블랜딩이 우리 파트너들이 원하는 맛에 가장 가까운 맛을 지닌 하우스 블랜드 커피로 선정되었다. 우리는 그 블랜딩 원두의 이름을 에드워드의 이름을 따서 '에드워드 No.5'로 명명하기로 했다. 'No.5'라는 숫자는 우리가 볶은 원두가 대략 우리가 사용하고 있는 로스팅머신을 기준으로 205도 내외에서 로스팅을 마무리하는 점을 표현한 것이다.

우리 하우스 블랜드 커피의 블랜딩 비율은 이러한 과정을 통해서 최종 결정되었다. 하지만 처음부터 지금과 같은 맛의 블랜딩 커피가 탄생한 것은 아니다. 지금의 하우스 블랜드 커피가 탄생하기까지는 여러 사람의 도움이 있었다. 그중 제일 큰 도움을 준 사람은 안과 의사를 하고 있는 고등학교 동창이다. 10년 넘게 '세코'라는 이탈리아 가정용 에스프레소머신으로 에스프레소를 즐겨온 친구는 커피를 즐기면서 단련된 혀와 코로 우리 커피의 맛과 향에 대한 조언을 아끼지 않았다. 우리 블랜딩 커피의 맛과 품질이 흔들릴 때마다 그가 적절한 평가를 해주어서 많은 도움을 받았다.

원두를 블랜딩할 경우에는 개성이 너무 강한 스페셜티급 원두보다는 최상급의 커머셜 원두가 더 좋을 수 있다는 전문가들의 조언도 받아들였다. 즉, 블랜딩용으로 사용하던 브라질산 생두와 케냐산 생두의 등급을 좀 낮추었다. 그랬더니 놀랍게도 각기 다른 생두의 맛이 서로 조화를 이루면서 지금과 같이 균형감이 뛰어난 우리만의 하우스 블랜드가 탄생했다. 이런 우여곡절 끝에 드디어 에스프레소용 블랜딩 원두 개발을 독려한 고등학교 선배도 만족하고, 커피광인 안과의사 친구도 인정한 커피가 탄생하게 되었다.

── 안정적인 매출을 위한 에스프레소머신 임대 사업

── 마침내 파트너들이 원하는 맛의 블랜딩 커피를 안정적으로 생산하는 것이 가능해지자, 우리는 드디어 생각만 하고 있던 에스프레소머신 임대 사업을 시작하기로 했다. 이 임대 사업은 카페를 위해서도 필요했지만 카페 창업반 수강생들에게도 매출을 안정적으로 받쳐줄 보조 수단으로 가르치고 싶었다.

먼저 임대용 에스프레소머신은 사무실용으로 가능한 한 내구성이 좋은 제품으로 선정하되, 우유를 사용할 수 있는 기능이 딸린 머신은 배제했다. 한때 친구 회사에서 우유로 라테를 만들 수 있는 기능이 딸린 에스프레소머신을 본 적이 있는데 아무도 그 기능을 사용하지 않고 있었다. 친구에게 그 이유를 물으니 그 기능을 사용하기 위해서는 누군가가 제때 우유를 보충하고 사용후 청소를 해주어야 하는데, 그런 일까지 해줄 사람을 따로 정하기가 쉽지 않기 때문이라고 했다. 또 사무실용 에스프레소머신으로 만든 라테가 전문 매장에서 만든 라테에 비해서 맛이 떨어지기 때문에 호기심에 라테를 만들어 마시던 직원들도 지금은 거의 만들고 있지 않다고 했다. 나는 그러한 상황을 고려해서 우유를 사용할 수 있는 머신은 대상에서 제외하기로 했다.

임대할 머신이 결정되자 그다음으로 주요 임대 조건을 결정해야 했다. 임대 기간은 임차인의 선택 범위를 넓혀주기 위해서 2년과 3년 두 가지로 정했다. 내 첫 직장이 리스 회사였기 때문에 에스프레소머신 렌탈 계약서를 만드는 데 큰 도움이 됐다. 임대할 에스프레소머신의 가격이 200~300만 원에 달하다 보니 자금 부담을 덜기 위해 직접 구입해서 임대를 하기보다는 전문 렌탈 업체를 통해서 머신을 재임대하는 형식을 취했다.

일반적으로 임대 사업자마다 다소의 차이는 있지만 에스프레소머신 임대 사업은 임차인이 머신의 임대료를 부담하지 않는 대신 매월 일정량 이상의 원두를 의무적으로 구매하는 조건으로 계약이 진행된다. 즉, 임대인은 에스프레소머신은 무료로 임차인에게 제공하되, 매달 임차인이 의무적으로 구입해야 하는 원두 대금에서 머신의 사용료 혹은 구입 대금을 회수하는 것이다. 이러한 이유로 에스프레소머신 임대 사업은 그다지 수익성이 높은 비즈니스는 아니다. 하지만 임대 기간이 끝나면 임대인은 비록 중고이기는 하지만 재임대가 가능한 머신을 자신의 것으로 소유하게 되고, 그 머신으로 임대계약을 하게 될 때는 타 업체에 비해서 경쟁력 있는 조건으로 임대 계약을 하거나 혹은 다소 마진이 남는 머신 임대 계약이 가능해진다. 무엇보다 에스프레소머신 임대 사업은 이를 위해 멋진 에스프레소용 블랜딩 원두 개발을 서두르게 한다는 장점이 있다. 또 임대 기간 동안 임차인이 원두를 의무적으로 구입해주기 때문에 계절에 따라 출렁대는 카페 매출을 다소 안정적으로 받쳐준다는 것도 큰 장점이다. 카페 영업을 하다 보면 자신만의 개성 있는 에스프레소용 블랜딩 원두를 한 가지만이라도 가지고 있다는 것이 얼마나 큰 행운인지 저절로 깨닫게 된다.

에스프레소머신 임대 사업의 성패는 신속한 A/S에 달려 있다. 에스프레소머신은 어디서든 쉽게 구입할 수 있기 때문에 문제가 생겼을 때 얼마나 신속하게 A/S를 받을 수 있는지가 임대 사업에서 매우 중요해진다. 수소문 끝에 대학원 동기생 한 명이 에스프레소머신 판매와 임대 사업을 크게 한다는 사실을 알게 되었다. 그 친구의 회사에서는 임대 사업을 위해 전문적인 A/S 직원도 두고 있었다. 나는 A/S를 확실하게 받을 수 있다는 믿음에서 그 친구로부터 에스프레소머신을 구매해 임대하기로 했다. 나는 우선 한국오릭스렌텍이라는 전문 렌탈 회사와 임대 계약을 맺고 그 친구의 회사가 취급하는 머신을 구입해줄 것을 요청한 다음 그 머신을 퀸 시바 이름으로 임대해 최종 임차인들에게 원두와 함께 제공하는 방식으로 임대 사업을 하고 있다.

우리는 현재 원두 납품처가 모여 있는 삼성역 근처로 매주 원두를 배달하고 있다. 거래처를 두 그룹으로 나눠서 2주에 한 번씩 원두를 배달하고 커피 맛에 영향을 주는 에스프레소머신의 청소를 헨리가 직접 꼼꼼히 해준다. 청소를 마친 후에는 커피를 추출해서 우리 커피가 임대한 에스프레소머신에서 어떻게 추출되고 있는지 수시로 점검하고, 청소가 끝난 시점에 커피를 마시러 오는 소비자의 반응을 살펴 그 반응에 따라서 원두의 맛을 더 개선해보려고 끊임없이 노력하고 있다.

나는 제2의 인생 목표를 1인 카페 창업 컨설팅으로 정했기 때문에 원두를 좀 더 섬세하게 볶을 수 있는 1kg 용량의 소형 로스팅머신을 사용해왔다. 그러다 2015년 겨울 지인으로부터 새것이나 다름없는 태환의 3Kg 용량의 중고 로스팅머신을 시가보다 낮은 가격에 구매하게 되었고, 에스프레소용 블랜딩 원두는 이 기계로 로스팅하고 있다. 큰 용량의 머신을 구입하면서 임대업에 필요한 블랜딩 원두를 대량으로 로스팅하는 것이 가능해졌다.

내가 이 임대업을 하면서 포기하지 않는 원칙이 하나 있다. 내가 볶은 원두에 대한 적절한 대가를 받을 수 없다면 무리하게 임대 사업을 확장하지 않겠다는 것이다. 에스프레소머신 임대 사업을 하다 보면 무리하게 커피 납품 대가를 깎으려는 임차인들을 만나게 된다. 대기업의 고정 납품 가격은 받아들이면서 중소기업의 납품 가격은 의례 무리하게 깎아보려는 관행이 아직 남아 있기도 하다. 이러한 비즈니스 관행은 중소 로스터리 카페의 에스프레소머신 임대 사업에 유리한 상황은 아니다.

앞서 설명한 대로 에스프레소머신 임대업이라는 것이 사실 큰 이익이 남는 비즈니스가 아니다. 따라서 임차인들이 되도록 중소 로스터리 카페의 원두 납품 가격을 무리하게 깎지 않았으면 한다. 직원들의 건강이나 복리 증진을 위해서 에스프레소머신을 임대하기로 결정했다면 원두 가격만을 따지기보다 커피의 맛과 품질도 생각해주었으면 좋겠다. 커피의 맛과 품질이 직원들의 기대에 미치지 못한다면 모처럼 임대한 에스프레소머신이 직원들의 관심 밖으로 밀려나게 될 수도 있다. 커피 맛에 대한 사람들의 기준이 과거보다 높아졌다는 것을 경영인들이 알아주었으면 한다.

　나는 과거 리스 회사에서 근무한 경험을 살려 직접 만든 에스프레소머신 렌탈계약서의 기본 틀과, 주요 임대 조건, 머신의 종류와 매입 경로, 재임대 방법, 원두 납품 가격, 마케팅 방안 등을 창업반에서 교육하고 있다. 잘만 운영된다면 에스프레소머신 렌탈 사업은 1인 카페 비즈니스의 훌륭한 부수적 수입 모델이 될 수 있다.

—— 퀸 시바의 콘텐츠를 전하는 창업 컨설팅

—— 처음 통의동 골목에서 문을 연 이래로 퀸 시바에는 참 많은 손님들이 다녀갔다. 그중 기억에 남는 몇몇 손님이 있다. 지금은 직장이 세종시로 이전해 더 이상 볼 수 없지만 우리 카페에서 커피를 즐겨 마시던 세 명의 아름다운 여인들도 그들 중

하나다. 어느 날 이 세 분에게 내가 헨리 대신 케멕스로 커피를 내려줬는데, 그중 한 분이 "어머, 커피 맛이 지난번과 좀 다른데요?"라고 했다. "커피 공부 좀 하셨어요?" 하고 물었더니, 원두커피를 즐기기 시작한 것은 우리 카페를 만나고 나서고 이제 3개월밖에 안 됐다고 했다. 원두커피를 마신 지 3개월 만에 드리퍼에 따라 달라지는 커피 맛을 헤아리게 된 것이다.

어느 봄날 가족과 함께 우리 카페를 찾았던 60대 중반의 남자 손님도 기억에 남는다. 그분은 우리처럼 나이 든 사람들이 활기차게 커피를 내리고 주문을 받고, 손님들과 교감하는 것을 보니 부러운 마음이 든다고 했다. 자신은 이미 나이가 들어서 할 수 있는 일이 별로 없다고 생각했는데 우리를 보니 생각이 달라졌다는 것이다. 지금도 연세 드신 분들이 커피를 마시면서 가장 많이 물어보는 질문이 "아니, 바리스타가 연세가 많으신데 젊은 손님들이 싫어하지는 않나요?"이다. 우리는 단 한 번도 나이가 이 직업에 방해가 될 거라는 생각을 해본 적이 없다. 그리고 바리스타의 나이 때문에 퀸 시바의 문을 열기를 망설이는 사람도 아직 보지 못했다.

우리가 처음 카페를 열면서 핸드드립이라는 추출 방법을 선택한 것은 대형 프랜차이즈 카페들과의 차별화 전략 때문이기도 했지만 우리가 목표로 하는 창업 컨설팅 대상자가 은퇴 후를 준비하는 사람들이라는 점을 감안한 것이기도 하다. 슬로우 라이프의 상징인 핸드드립은 젊은이보다 나이 든 사람들에게 더 어울린다는 것이 우리의 생각이다. 카페 로스팅 룸에 프로페셔널한 중년의 로스터가 있다면 더 믿음직하고 근사해 보이지 않겠는가.

그런데 처음 우리 카페의 콘셉트와 경쟁력에 관심을 보인 사람은 카페 단골의 친척인 청년과 내 고등학교 친구였다. 내 첫 번째 창업 컨설팅은 이렇게 연배 차이가 큰 두 사람을 대상으로 시작되었다. 첫 번째 수강생인 만큼 나는 두 사람에게 퀸 시바의 아프리칸 커피하우스라는 콘셉트와 1인 카페 비즈니스의 모든 것을 가르쳐주기 위해 최선을 다했다. 그리고 2개월여의 공식적인 창업 컨설팅을 끝내고 로스팅과 커피 추출 등 기술적인 측면에서 커피를 완벽하게 다룰 수 있게 하기 위해 4개월 정도의 OJT를 권했다. 두 사람 모두 내 제안에 기꺼이 응해주었다. 둘은 OJT 기간 동안 퀸 시바를 자기 카페처럼 생각하고 열심히 공부하고 실습해 원두를 완벽하게 로스팅하고 바에서 능숙하게 손님을 응대하는 수준에까지 다다랐다. 나는 그들에게 매주 토요일에 실시되는 커피 취미반 수업 중 일부를 맡겨서 나중에 자타가 인정하는 전문가 반열에 오르게 되었을 때 자기만의 커피 클래스를 가져야 한다는 생각을 가질 수 있게 동기 부여도 해주었다.

4개월간의 OJT를 성공적으로 마쳤을 때 두 사람은 당장 카페를 창업하더라도 개업한 날부터 멋진 커피를 볶고 추출해서 손님에게 제공하는 것이 가능한 수준까지 도달해 있었다. 문득 첫 손님에게 5,000원의 현금을 받고 커피를 추출해서 서비스하던 순간이 떠올랐다. 내가 만든 커피를 손님이 한 입을 마시던 그 순간이 영원처럼 느껴졌다. 내가 내린 커피를 마시고 실망하는 표정을 지을까 두렵고 무섭기까지 했다. 그러나 우리 창업반 수강생들은 그런 걱정은 하지 않아도 된다. OJT 기간 동안 자신들이 직접 만든 커피를 충분히 손님들에게 제공했기 때문에 자기 카페에서는 자신이 추출한 커피 맛에 놀라게 될 고객의 표정만 기다리면 된다.

OJT가 끝나고 나는 젊은 친구에게 에스프레소를 모르고서는 커피 시장에서 생존하기 어렵다는 점을 설명하고 에스프레소 추출 기술을 제대로 배워볼 것을 권했다. 젊은 사람은 은퇴한 사람들과 달리 카페 경영을 놀이가 아닌 사업으로 접근해야 하기 때문이다. 나는 그 친구에게 내가 창업반 수업을 들었던 학원을 소개해주고 에스프레소, 라테, 카푸치노 등 에스프레소머신을 사용하는 모든 커피 메뉴를 철저히 배우도록 했다.

'청출어람 청어람'이라는 속담에 꼭 맞는 수강생도 있었다. '도니'라는 친구다. 도니는 내게서 로스팅만 배웠지만 퀸 시바의 모든 것을 자신의 것으로 소화하고 떠난 창의적인 노력파다. 도니는 현재 일산에서 건물주인 동업자와 함께 아름다운 카페를 운영하고 있다. 도니의 일산 카페는 1층과 2층으로 구성되어 있는데, 1층은 에스프레소를 베이스로 하는 음료를 취급하되, 아프리카에서 가장 맛과 향이 뛰어난 에티오피아산 원두를 싱글 오리진으로 추출하는 싱글 오리진 에스프레소 바를 운영하고 2층에서는 핸드드립 커피를 취급하고 있다. 도니는 우리와 같은 '토퍼' 로스팅머신을 사용해서 자칭 일산에서 가장 맛있는 커피를 볶고 있다고 자랑하곤 한다. 나는 창업반에서 여러 수강생을 가르쳐보았지만 이 친구만큼 실력이 뛰어난 수강생을 만난 적이 없다.

도니는 갈고 닦은 본인의 로스팅 기술을 이용해 '빨강' '파랑' '노랑' 등의 이름을 붙인 5가지 멋진 블랜딩 원두를 만들기도 했다. 손님들로 하여금 색깔별로 커피를 골라 마시게 하는 창의성과 각 색깔에 적합한 맛과 향을 담아낸 블랜딩 기술은 오히려 내가 배울 만한 것들이다. 이제는 동업자가 제빵 기술까지 배워서 간단하지만 맛있는 브런치 메뉴까지 제공해 손님들의 사랑을 받고 있다고 한다.

교직을 은퇴하고 조그맣게 커피숍을 하고 싶어 하던 선배의 아내분께는 특별히 창업 컨설팅 수업을 부부가 반반씩 나눠서 듣게 했다. 선배에게는 시간과 체력이 필요한 로스팅과 커피 이론을 가르치고, 아내분께는 핸드드립과 홈메이드 스타일의 베이킹, 레몬티 담그는 법 등을 가르쳤다. 처음에는 아내분 혼자 카페를 할 생각이었지만 이제는 남편 없이 가게를 운영할 수 없게 되었다. 그 선배 부부는 창업 컨설팅을 마치자마자 일산에 작은 카페를 열고 알콩달콩 제2의 인생을 즐기고 있다.

마지막으로 내가 좀 자랑하고 싶은 창업 컨설팅 사례가 있다. 아니 이 경우는 인생 컨설팅이라고 해야 옳을 것이다. '제이든' 은 내게 커피를 배우기 위해 찾아온 지인의 아들로 나를 처음 찾아왔을 때 20대 초반의 아직 어린 나이였다. 그래서 성급히 진로를 결정하기보다 좀 더 공부를 해보라고 조언해주었다. 살아가야 할 날이 아직 많은데 어린 나이에 카페 경영에 뛰어드는 것이 바람직해 보이지 않아서였다. 그런데 며칠 뒤 제이든의 부모가 찾아와 아들에게 내가 가진 커피에 대한 지식과 경험을 가르쳐달라고 부탁했다. 그때도 난 내 생각을 확실하게 이야기했다. 결국 사업보다는 공부를 하는 쪽으로 방향을 잡고 단기적으로 국내 최고 바리스타를 뽑는 KBC 대회에 참가하는 것을 목표로 커피를 공부해보자고 했다. 그리고 그다음에 포틀랜드로 어학연수 겸 커피 유학을 보낼 것을 제안했고 제이든의 부모도 내 제안을 기꺼이 받아들였다.

제이든은 퀸 시바에서 커피를 배운 뒤 계획대로 KBC 대회에 출전했다. 2015년부터 KBC 대회에서는 주최 측이 참가자들에게 3~4가지의 원두를 추천해주고 참가자 본인이 직접 블랜딩을 하게 했다. 참가자들이 블랜딩을 통해서 자신이 추구하고자 하는 맛과 향을 에스프레소와 카푸치노, 그리고 창작 음료를 통해 얼마만큼 완벽하게 표현하는지가 심사의 중점 사항이었다. 어느 정도 기대를 했지만 첫 출전인 제이든의 성적은 아주 좋지는 않았다. 그러나 대회 참석을 위해 그동안 들인 노력과 열정은 앞으로 제이든의 커피 인생에 큰 밑거름이 될 것이었다. 시합이 끝난 후 제이든은 틈틈이 영어 공부를 하면서 미국행을 준비했다. 예상치 못한 비자 문제로 몇 번의 우여곡절을 겪었지만 2016년 4월 드디어 포틀랜드로 커피 유학을 떠났다.

　나는 커피에 뜻을 둔 20대의 어린 친구들이 너무 일찍 자기 카페를 차리지 않았으면 한다. 여러 가지 형편이 허락한다면 서른 살까지는 대학원에서 커피를 전공하거나 각종 세미나에 참석하면서 커피에 대한 지식을 넓히고, 커피 농장을 견학하거나 미국, 유럽 등지의 카페를 투어하면서 견문을 넓힌 후 국내나 해외에서 바리스타나 카페 매니저로서 충분한 경험을 쌓기를 바란다. 서른 이후에 카페를 시작하더라도 커피와 함께할 시간은 수십 년에 이를지 모른다. 젊었을 때 축적해둔 커피에 대한 지식과 경험이 많다면 카페를 경영하면서도 언제나 새로운 것을 시도할 수 있고, 그래야 보다 다양하고 즐거운 인생을 살아갈 수 있을 것이기 때문이다.

　나는 창업 컨설팅 과정을 듣는 수강생들이 수업을 통해 자신에게 맞는 삶의 방식을 찾아가기를 원한다. 창업반을 하면서 가장 힘들 때는 창업 컨설팅을 단순히 로스팅 기술이나 핸드드립법 등 커피에 대한 기술을 배우는 과정으로 생각하는 사람들을 만날 때다. 사실 커피 추출 기술이나 로스팅 기술에 있어서는 이미 너무나 많은 실력자들이 있다. 같은 기술과 재능으로 남들과 다른 결과를 얻으려면 그것이 커피든 다른 무엇이든, 그 결과물에 자신이 고객들에게 말하고 싶은 콘텐츠가 녹아 있어야 한다. 예를 들어 핸드드립 전문 카페를 지향하면서 메뉴판 제일 윗부분에 아메리카노를 올려놓는다면, 이는 카페의 콘셉트와 메뉴가 일치하지 않는 격이 된다. 또 핸드드립 커피 전문점으로 고객에게 어필하려면 취급하는 커피는 싱글 오리진만으로도 충분한 맛과 향을 낼 수 있는 등급의 생두를 사용해야 하고, 각 생두의 풍미를 극대화할 수 있도록 가능하면 직접 로스팅할 수 있는 로스터리 카페여야 한다.

카페의 바 역시 프랜차이즈 카페와 달리 손님과 바리스타가 교감이 가능하도록 디자인되어야 하고 추출 도구들도 커피 맛을 해치지 않도록 안정된 품질을 갖추어야 한다. 바리스타가 커피에 대한 손님들의 질문에 답할 수 있도록 커피에 대한 지식과 경험이 뛰어나야 하는 것은 두 말할 필요가 없다. 이 외에도 카페에서 틀어주는 음악이나 조그만 스티커의 디자인까지도 핸드드립 커피와 잘 어울리는 세련되고 디테일이 살아 있는 것들이라면 금상첨화다. 나는 창업반 수강생들이 커피에 대한 기술 이외에 핸드드립 카페가 지향해야 할 모든 콘텐츠를 퀸 시바에서 배우고 경험하고 익혀 자신 것으로 재해석하길 바란다.

　어쩌다 결혼식장에서 만난 친구들이 "너, 카페 한다면서? 카페 하면 돈 좀 벌 수 있니?" 하고 물으면, 나는 "우리 나이에 카페 해서 어떻게 돈을 버니? 커피와 함께 인생을 즐기면서 보너스로 용돈까지 벌면 그게 좋은 거지"라고 대꾸한다. 나는 창업 컨설팅을 통해서 수강생들에게 커피를 사랑하고, 해석하고, 응용하는 방법을 가르치고 있다고 생각한다. 수업을 통해 그들도 언젠가는 누군가에게 커피를 즐기는 방법을 가르치고, 자신이 만든 비즈니스 모델로 창업 컨설팅까지 할 수 있는 능력을 갖출 수 있도록 도와주는 것이 우리 퀸 시바 파트너들이 창업 컨설팅을 하는 주된 목적이다. 그게 가능하기 위해서는 먼저 퀸 시바가 지금처럼 꾸준히 많은 사람들의 사랑을 받아야 할 것이다. 그래야 사람들이 우리의 비즈니스 모델이 제2의 인생을 맡기기에 적합하다고 믿어줄 테니 말이다. 그래서 오늘도 우리 파트너들은 생두를 선정하고 볶고 추출하고 주문을 받고 서빙하고 음악을 고르는 행위 하나하나에 정성을 다하고 있다.

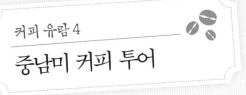

중남미 커피 투어

코스타리카의 아소포라 커피조합

2015년 중순 나는 '비니엄 인 아프리카'에 들렀다가 2016년 초 중남미 4개국 커피 투어가 계획되어 있다는 소식을 듣고 부부 동반으로 가겠노라고 덜컥 약속을 해버렸다. 비록 우리 카페가 중남미 커피를 취급하지는 않지만 비니엄 홍이 주관하는 커피 투어라면 놓쳐서는 안 될 투어라는 생각에서였다. 출발 일이 다가올 즈음 '지카 바이러스'가 브라질을 강타하고 중남미로 번지고 있다는 내용이 신문지상에 오르내렸다. 우리는 당초 계획대로 중남미 커피 농장 투어를 강행하기로 했지만, 안전한 여행을 위해서 파나마의 '게이샤' 커피로 유명한 '에스메랄다' 농장 방문을 취소하는 등 일정을 재조정하고, 바르고 나면 사람이 쓰러질 정도로 독한 모기약을 서너 개 챙겨야만 했다.

2016년 구정 연휴 마지막 날 우리는 미국 로스앤젤레스와 엘살바도르의 수도 산살바도르를 경유해 코스타리카의 수도 산호세로 날아갔다. 코스타리카에서는 비니엄 회사와 생두 거래를 하는 현지 회사가 미리 준비해둔 별장에서 이틀을 머물 계획이었는데 산호세 공항으로 우리 팀을 마중 나오기로 한 가이드가 연락이 두절된 상태로 나타나지 않았다. 갑자기 통신 상태가 불안정해서 가이드와 전화도, 카톡도 연결되지 않는 어려운 상황에 처했다. 한치 앞도 예측할 수 없는 험난한 중남미 커피 투어가 시작된 것이다.

우린 비니엄 홍의 순발력으로 택시 두 대를 어렵게 구해 시내호텔로 가서 일단 짐을 풀었다. 그리고 다음 날 아무 일도 없었다는 듯한 표정으로 호텔 로비에 나타난 가이드와 함께 2005년 코스타리카 일부 농장주들이 모여 만든 '아소포라Asoproaaa 조합'에서 가공한 생두를 수출하는 회사를 방문했다. 그곳에서 코스타리카 커피를 커핑하고 아소포라 조합 농장을 방문하기로 했다.

준비된 코스타리카 커피 샘플 중에서 아주 특이한 맛과 풍미를 지닌 내추럴 방식의 커피에 우리의 관심이 모아졌다. 최근 코스타리카에서는 최대 커피 수입국인 미국의 수요에 부응하기 위해 다양한 방식의 내추럴 커피를 생산하고 있다고 했다. 특이한 점은 마치 우리나라에서 쌀을 가공할 때 맛이나 건강을 위해서 백미, 현미, 혹은 오분도미, 칠분도미 등 쌀을 깎는 정도를 다양하게 하듯 생두를 가공할 때 체리에서 과육을 제거하는 방식을 대략 다섯 가지 정도로 다양하게 적용하고 있다는 것이었다. 과육을 벗겨내는 정도에 따라 가공 후 다섯 가지 정도로 색이 변하기 때문에 화이트, 레드, 옐로우, 블랙 등 서로 다른 색의 이름을 붙여놓았다고 한다. 그래서 그런지 커핑에 제공된 커피들 중 다양한 내추럴 방식으로 제공된 커피들이 수세식으로 가공된 커피보다 맛과 풍미 면에서 우리들의 관심을 더 끌었다.

커핑을 마치고 우리는 아소포라 조합의 조합장을 따라 해발 2,000미터에 소재한 농장으로 출발했다. 농장은 상당히 가파른 비포장도로 끝에 위치하고 있어서 힘이 좋은 4륜구동 차가 필요했다. 우리는 포장도로가 끝나가는 중간 지점에서 3대의 지프차를 별도로 임대해 산을 올랐다. 그렇게 비포장도로를 1시간이 넘게 달려 겨우 산 정상에 위치한 농장에 도착할 수 있었다. 가파른 산등성이에서 자라고 있는 커피나무를 보니, 커피체리를 수확할 때 농부들이 겪어야 할 위험과 노동의 강도를 짐작할 수 있었다. 일상생활에서 우리가 편히 먹고 마시는 커피 한 잔이 우리목전에 닿기까지 얼마나 많은 사람들의 노력과 시간이 필요한지를 눈으로 확인한 순간이었다.

우리는 그곳에서 농장 주인이 마련해준 생선 튀김과 밥, 그리고 토마토와 실란트를 잘게 썰어서 라임 주스에 버무린 샐러드와 함께 코스타리카의 전통 음식 '카사도casado'를 맛있게 먹었다.

아소포라의 조합장 페르난도는 젊은 청년으로 코스타리카 커피와 커피 농장, 그리고 커피 농장주들의 삶의 질을 개선하는 데 아주 관심이 많은 사람이었다.

아소포라 조합은 2005년도에 설립된 이후 품질이 뛰어난 커피를 생산하는 농장들을 조합원으로 받아들여 일정한 품질 조건을 충족한 커피체리에 대해서는 종전보다 높은 가격을 지불하고 있다고 했다. 아소포라 조합은 생두의 품질을 제고하기 위해 커피를 가공하고 건조하는 과정을 조합에서 일괄적으로 처리하고 있었다. 3시간에 걸친 커피 농장 방문을 마치고 산중턱에 위치한 아소포라 조합을 방문했다. 그곳에서 우리는 기대와 달리 가공이 끝난 대부분의 생두가 파티오라고 하는 시멘트 바닥에서 건조되고 있는 광경을 목격했다. 혹시나 해서 시멘트 바닥 위에서 눅눅하게 건조되고 있는 커피체리를 만져보고 냄새를 맡아보았다. 확실하지는 않았지만 왠지 다른 냄새가 배어 있다는 생각이 들었다. 과육을 벗긴 후 점액질이 아직 붙어 있는 상태의 생두를 물에 불려서 점액질을 제거한 뒤 파치먼트Parchment만을 말려서 가공하는 수세식 커피와 달리 커피체리를 통째로 말려 가공하는 내추럴 가공 과정에서 체리를 그물 위가 아닌 시멘트 바닥 위에서 건조시키는 '파티오 건조 방식'은 내 눈에 다소 부적절해 보였다. 그 과정에서 수세식에 비해 불필요한 냄새가 생두에 더 많이 남을 수 있다는 생각을 지울 수 없었다.

비니엄 홍은 에티오피아에 소재한 자신의 농장에서는 커피를 열매 상태에서 건조시키는 내추럴 커피의 경우 '파티오'보다 '아프리칸 베드African Bed'라고 하는 그물로 만든 건조 설비를 사용한다고 귀띔해주었다. 커피 가공에 문외한인 내 눈에도 시멘트 바닥보다는 통풍이 잘 되는 그물 위에서 커피를 말리는 것이 훨씬 더 좋은 품질을 보장해줄 거라는 확신이 들었다. 만약 코스타리카의 높은 고지대에서 자란 품질 좋은 커피들이, 특히 내추럴 방식으로 생산된 커피들이 모두 다 '아프리칸 베드'에서 건조된다면 그 맛과 풍미가 어떻게 개선될지 사뭇 기대가 됐다. 다행히 일부의 커피들은 천막으로 만든 가건물 형식의 건조장 안에 설치된 아프리칸 베드에서 건조되고 있었는데, 이는 파치먼트 상태의 커피들로 이미 펄핑 과정을 끝낸 것으로 보였다. 아마도 고품질의 수세식 가공 커피들은 별도로 이곳에서 건조하는 게 아

아소포라 조합의
아프리칸 베드에서
건조되고 있는 생두들.

닌가 하는 생각이 들었다.

생두의 건조 과정을 살펴본 뒤에 사무실에 들러서 고품질의 커피를 생산하기 위해 경주하고 있는 그들의 노력과 그들만의 경영 철학이 담긴 비디오 자료를 시청하고 간단한 설명을 들었다. 젊은 조합장 페르난도는 좋은 품질의 커피는 제값에 생두를 구매해주는 아주 기본적인 절차에서 그 탄생이 가능하다고 했다. 맞는 말이었다. 우리 카페에서는 코스타리카 커피를 취급하지 않지만 아소포라 조합과 페르난도 같은 젊은 조합장들이 존재하는 한 코스타리카 커피의 맛과 풍미는 가까운 미래에 지금보다 더 많은 커피 애호가들의 사랑을 받을 수 있을 거라는 확신이 들었다.

아소포라 조합 방문을 마친 후 코스타리카 전통 아이스크림 가게에 들렀다. 미국의 프리미엄 아이스크림 하겐다즈를 눌렀다기에 기대했는데 생각보다는 평범한 맛이었다. 코스타리카 아이스크림까지 맛본 후 우리는 다음 목적지인 과테말라의 수도 '과테말라시티'로 날아갔다.

다양한 커피 품종을 실험 중인 과테말라

밤에 도착해서 그런지 과테말라시티 공항은 한적하고 깨끗해 보였다. 우리는 시내의 '바르셀로나'라는 호텔에 짐을 풀었다. 호텔은 높은 담으로 둘러싸여 있었는데 오래전 필리핀 세부에서 보았던 리조트를 생각나게 했다. 높은 담이 둘러져 있다는 것은 이곳의 치안이 좋지 않다는 것을 의미했다. 호텔에서 2박을 한다고 하니 밀린 빨래를 할 수 있는 드문 기회였다. 우리는 간단히 짐만 풀고 서둘러 옷들을 세탁하고 잠을 청했다.

다음 날 우리는 마야 문명의 발원지인 '티칼Tikal'행 비행기를 타기 위해 새벽 4시에는 기상했다. 이 비행기는 주말에 한 번밖에 뜨지 않는다고 했다. 이른 아침을 먹고 우리가 비행장에 도착한 시간은 5시 30분이었다. 출발 시간은 6시 30분이었는데 더 일찍 와서 눈도장을 찍지 않으면 비행기를 탈 수 없는 경우도 있다고 했다.

티칼 공항에는 30년 경력의 (나쁜 의미에서) 노련한 가이드가 우리를 기다리고 있었다. 어쩐 일인지 우리를 태운 버스가 출발하지 않고 20~30분을 지체하더니 가이드가 나이 든 외국 할머니를 한 분 모시고 와서 빈 앞좌석에 태우려고 했다. 우리는 프라이빗 투어이므로 다른 손님을 태울 수 없다고 가이드를 설득한 뒤에야 티칼로 출발할 수 있었다.

티칼은 위치나 규모 면에서는 페루의 '마추픽추'에 비해 소박한 편이었으나 마야 문명의 발원지로 알려지면서 많은 관광객과 역사가의 관심을 받고 있다고 했다. 우리는 중앙의 사원으로 올라갔다. 일행 중 한 명이 사원 꼭대기에서 소리를 지르자 그 소리가 확성기에 대고 소리치는 거처럼 주변 지역으로 뻗어나갔고 숲속의 알 수 없는 짐승들이 화답해왔다. 옛날 마야의 군주가 이곳에 서서 백성들을 호령할 때 백성들은 아마도 그에게서 신의 모습을 보았을 것이다.

우리는 티칼에서 공항으로 돌아오는 길에 위치한 식당에서 점심을 해결했다. 아침에 미리 들러서 점심 메뉴를 정해두었던 곳이었다. 점심식사 후 우리의 노련한 가이드는 돈을 더 주지 않으면 공항까지 우리를 에스코트하지 않겠다고 으름장을 놓았다. 아침에 외국 손님 한 분을 차에 태우지 못한 분풀이를 하는 것이었다. 우리는 엉뚱한 때를 쓰는 가이드는 그곳에 버려두고 기사만을 데리고 공항으로 돌아왔다.

우여곡절 끝에 티칼 여행을 마친 우리는 당일 저녁 8시경 과테말라시티로 무사히 돌아왔다. 그날 저녁은 유명한 스테이크하우스를 방문해보기로 했다. 저녁 8시밖에 안 되었는데 수도의 중심가는 텅 비어 있었다. 걸어 다니는 사람은 거의 없고 가끔 길에서 보이는 사람들의 눈빛은 다소 낯설어서 눈을 마주치기가 무서웠다. 식당에 도착하자 산탄총을 어깨에 멘 경비원이 우리를 식당 안으로 안내했다. 식당 안과 밖은 무장 경비원을 경계로 전혀 다른 세상이었다. 식당 안에는 부유해 보이는 연인 혹은 가족들이 맛있는 저녁 식사를 즐기고 있었다. 총 한 자루가 보장하는 평화 속에서 우리는 다소 딱딱하게 구워진 스테이크를 맛있게 먹었다. 스테이크는 가격 대비 훌륭했지만 왠지 씁쓸한 느낌을 지울 수 없었다.

우리는 다음 날 아침 과테말라의 최상급 커피 생산지의 한 곳인 '우에우에테낭고Huehuetenango'로 향했다. 그곳으로 가는 동안 두 명의 경찰이 탄 지프차가 뒤에서 우리 버스를 에스코트해주었다. '테낭고'는 영어로 마을Village이라는 뜻이라고 한다. 고속도로 식당에서 점심을 해결하고 8시간 정도를 달려 우에우에테낭고에 도착했다. 우리는 곧바로 과테말라 국립 커피 관리소라 할 수 있는 아나카페AnaCafe(Asociation Nacional del Cafe) 분소로 향했다. 아나카페는 1960년에 과테말라의 커피 생산자들을 대변하기 위해 설립된 국립커피조합이다.

차에서 내려 조합 앞에 이르자 '파카마라Pacamara'라는 명찰을 단 커피나무가 보였다. '파카마라'는 생두 크기가 아주 작은 '파카스Pacas'와 생두 크기가 아주 커서 코끼리 생두라는 별명이 붙은 '마라고지페Maragogipe'를 교배한 종이다. 브라질의 '부르봉'이라는 품종에서 돌연변이로 '카투라Caturra'라는 품종이 탄생했고, 이 카투라가 또 돌연변이를 일으켜서 탄생한 것이 엘살바도르의 '파카스'라고 한다. '파카마라'는 엘살바도르의 '파카스'와 브라질의 '레드 마라고지페'를 의도적으로 교배해서 만든 품종이다. 다구치 마모루가 《스페셜티 대전》에서 극찬한 파카마라 품종의 커피나무를 실제로 보니 기분이 묘했다. 전혀 기대하지 못했던 조우였다. 운이 좋게도 우리가 커핑한 샘플에도 파카마라 품종이 포함되어 있었다. 나는 글로만 읽었던 파카라마 품종의 맛과 풍미를 느껴보려고 주력했다. 과테말라는 최근 인기 품종인 게이샤 품종에 경주하지 않고 파카마라 품종에 주력하고 있다고 한다. 우리 일행 중 다른 한 사람도 이 품종이 주는 묘한 맛과 풍미에 관심을 보여서 내심 기뻤다.

우리를 위해 커피를 준비해준 구스타보 씨는 우에우에테낭고의 유명한 커피 농장 '산타로사 부에노스아이레스Santa Rosa Buenos Aires'의 농장주였다. 그가 준비해둔 커피 샘플들은 주로 그의 농장에서 생산되고 있는 커피를 중심으로 구성된 것이었다. 농장의 4대손으로 17년간 남아프리카공화국에서 공부하다가 고향으로 돌아왔다는 구스타보 씨는 부모님이 갑자기 돌아가시면서 농장을 맡게 되었다고 한다. 그의 농장에서는 주로 카투라와 브루봉 품종을 취급하고 있는데, 2~3년 전에 시작한 파카라마 품종

▲ 과테말라 아나카페의 커핑 룸.

도 곧 체리 생산이 가능한 시점에 와 있다고 했다. 그는 또 최근
에티오피아에서 가져와 농장 한쪽에 심어둔 묘목 한 그루도 보
여주면서 자신이 아주 소중하게 키우는 나무라고 소개했다. 자
신의 농장에서 다양한 품종의 커피를 생산해보려는 구스타보 씨
의 노력이 보기 좋았다. 그런 사람들 덕분에 우리가 다양하고 맛
있는 품종의 커피를 계속 맛볼 수 있는 것이다.

커핑 후에 들른 구스타보 씨의 농장은 해발 1,600미터에 위
치하고 있었고, 농장의 커피나무는 그곳에서 시작되는 산등성
이를 타고 200미터 위까지 경작되고 있다고 하니, 대략 해발
1,600~1,800미터에서 커피나무들이 자라고 있는 셈이었다. 재
배 고도만 놓고 보면 그의 농장은 맛있는 커피를 생산할 수 있는
기본 조건을 갖추고 있었다. 수세식 커피 가공 시설도 아주 훌륭

해 보였다. 농장 한쪽 창고 문에 스타벅스의 커다란 로고가 박혀 있었는데 농장에서 생산된 생두를 스타벅스에 납품하고 있다고 했다. 농장 방문을 마치고 핸드폰 불빛에 의지해 오른 산자락에는 우리를 위한 저녁 식사가 준비되어 있었다. 또띠아 한 접시와 아보카도를 곱게 갈아 넣은 이름 모를 중남미식 소스, 콜라와 사이다, 그리고 숯불에 구운 소시지 등이 마련된 소박한 식탁이었지만 별이 쏟아질 것 같은 밤하늘 아래서 먹는 음식은 그 무엇과도 비교할 수 없었다.

밤이 늦기도 했거니와 모기가 기다렸다는 듯이 우리 일행들을 공격해서 아쉽게도 커피나무들이 자라는 산마루까지 가보지는 못했다. 우리는 구스타보 씨에게 양해를 구하고 그와 함께 산을 내려와 미리 예약해둔 호텔로 갔다. 간단히 짐을 풀고 레스토랑으로 나오니 구스타보 씨가 아직 레스토랑 한쪽에 앉아 있었다. 잠을 청하기 위해 맥주 한 병이 간절했는데 레스토랑에서는 어떤 알코올음료도 취급하고 있지 않았다. 구스타보 씨가 우리를 대신해 종업원에게 맥주를 좀 사다 달라고 부탁해주었다.

구스타보 씨는 우리가 단순한 커피 애호가가 아니라 한국에서 로스터리 카페를 하고 있다는 이야기를 듣고 다소 놀라워하면서 자신도 한국 카페 쇼에 두 번 참가한 경력이 있다고 했다. 그는 카페 쇼에서 만난 한국 사람들이 품질보다는 가격이 싼 커피를 찾는 경향이 있어서 많이 실망했다고 했다. 그와 커피 생산에 관한 이야기를 나누다 내가 아프리카에서 생두를 건조할 때 쓰는 아프리칸 베드를 본 이야기를 하자 그의 눈이 호기심과 놀라움으로 반짝였다. 커피 품질에 욕심이 많은 그라면 당장 아프리칸 베드를 자신의 농장에 설치할 거라는 확신이 들었다. 그는 코스타리카에서 최근 내추럴 방식의 커피 생산에 주력하고 있다는 내 이야기를 듣고 자신도 같은 방향으로 나가고 있다고 말하며 다소 들뜬 표정을 짓기도 했다. 나는 구스타보 씨를 다시 한 번 우리나라의 카페 쇼에서 보게 되기를 바란다. 기회가 된다면 한국에는 가격보다는 품질이 좋은 커피를 사랑하는 소비자들이 많다는 것을 꼭 확인시켜주고 싶었다. 그리고 그가 새로 시도하는 파카마라 품종도, 에티오피아에서 가져온 커피나무에서 생산될 커피도 머지않아 한국 시장에서 만나게 되길 기대한다.

다음 날 새벽 우리는 우에우에테낭고를 떠나 오후 1시경 안티과에 도착했다. 안티과는 '물의 화산'이란 뜻의 화산 '볼케이노드 아쿠아Volcano de Aqua'로 유명한 곳이다. 안티과는 과거 과테말라의 수도였는데 1773년 대지진으로 도시가 파괴되면서 지금의 과테말라시티로 수도가 옮겨지게 되었다고 한다. 이후 도시가 복구되고 과거의 아름다움을 되찾으면서 1979년에 도시 전체가 유네스코 세계문화유산에 등록되었다.

과거 스페인풍의 건물들로 둘러싸인 안티과는 필설로 다 설명할 수 없을 만큼 아름다웠다. 《커피 베이직스Coffee Basics》라는 책에 따르면 안티과 커피는 생산량보다 소비량이 많은 커피로, 한때 과테말라에서 생산된 커피는 모두 안티과라는 이름으로 거래되었을 정도로 가짜 안티과 커피가 많았다고 한다. 높은 해발 고도와 화산재로 만들어진 풍부한 화산토 덕분에 안티과는 여전히 가격 대비 훌륭한 커피를 생산하고 있다. 우리는 도시 틈틈이 보석처럼 박혀 있는 수많은 카페와 레스토랑을 돌아보며 안티과의 매력에 푹 빠져 하루를 보냈다.

다음 날 우리는 안티과에서 30분 정도 떨어진 곳에 위치한 한 커피 농장을 방문했다. 지금까지 보아온 다른 농장들과는 달리 농장은 평지에 위치해 있었다. 일부 안티과 커피 농장주들이 자신들의 농장이 그다지 높지 않은 곳에 위치한다는 사실에 우려를 표한다는 이야기를 책에서 읽은 적이 있는데 이 농장주도 같은 걱정을 하고 있을지 궁금해졌다. 본격적인 수확 철은 지났지만 몇몇 아주머니들이 따다 남은 체리를 바구니에 열심히 담고

과테말라 안티과의
커피 농장에서 수확되고 있는
커피체리들.

있었다. 체리는 붉은 것과 푸른 것을 구분하지 않고 수확되고 있었는데, 아마도 이렇게 수확된 생두는 잘 구분하여 가공하지 않는 한 품질이 그다지 좋지는 않을 것 같았다.

우리는 안티과를 떠나 과테말라시티로 돌아온 후 아나카페 본사를 방문했다. 조합에서는 우리를 위해서 10가지 정도의 커피를 커핑할 수 있도록 준비를 해주었다. 1번 샘플부터 시작해서 10번 샘플로 가면서 커피의 맛과 품질이 점점 좋아진다는 느낌을 받았다. 담당자의 설명에 따르면 첫 샘플 4개는 해발 1,200미터, 다음 4개는 해발 1,400미터, 그다음 2개는 우에우에테낭고 지역의 해발 1,800미터에서 생산된 커피라고 했다. 재배 고도가 높아지면 커피의 품질이 어느 정도 보장된다는 사실을 재확인할 수 있었다.

과테말라 커피는 아나카페의 품질 검사를 받지 않고도 수출될 수 있지만 그렇게 수출된 물건에 하자가 발생할 경우 과테말라 정부가 공식적으로 책임을 지지 않는다고 했다. 반대로 아나카페에서 품질 검사를 받은 커피에 대해서는 문제가 발생할 경우 과테말라 당국이 모든 하자를 책임지고 있다.

우리가 커핑을 하고 있는 바로 옆 좌석에서는 동 조합에 소속된 커퍼cupper들이 끊임없이 새로운 커피를 커핑하고 있었다. 내가 커피를 좋아하긴 하지만 커퍼라는 직업이 그다지 좋아 보이지는 않았다. 끊임없이 커피를 맛보고 뱉어내야 하는 커핑 과정을 보면 키퍼가 얼마나 힘든 직업인지 알 수 있다. 우리는 과테말라의 최상급 커피만으로 구성된 커핑을 하고 싶었지만 아쉽게도 2개 정도의 최상급 커피를 경험한 것에 만족해야 했다. 아나 카페를 나와 호텔로 돌아온 우리는 꿈에 그리던 쿠바로 떠날 준비를 마치고 서둘러 잠을 청했다.

아바나 유일의 로스터리 카페, 오레일리

멕시코시티를 경유해 도착한 쿠바는 내가 기대한 것 이상이었다. 쿠바에 도착한 다음 날 아침 우리는 파도가 방파제를 넘나드는 아바나 비치로 몰려 나갔다. 시간만 허락한다면 하루 종일 비치를 걸으며 시간을 보내고 싶었다. 한동안 아바나 비치의 바닷바람을 맞은 우리는 본격적인 쿠바 탐색을 위해 아바나에서 가장 번화한 곳으로 향했다. 쿠바의 커피 산지로 잘 알려진 '크리스털 마운틴Crystal Mountain'은 수도 아바나에서 너무 먼 곳에 위치하고 있어서 우리는 대신 도심에 위치한 수많은 카페를 돌아보기로 했다.

그중 카페 오레일리Cafe O'reilly는 중심 도로에서 벗어난 골목에 보석처럼 숨어 있던 아바나 유일의 로스터리 카페였다. 우리는 500그램의 쿠바산 원두를 반으로 나누어 담아 달라는 말을 영어로 5분 정도 떠든 후에야 간신히 250그램의 원두 봉투 두 개를

손에 들 수 있었다. 이 쿠바 커피가 나중에 우리 카페에서 큰 인기를 끌었는데, 특히 남자 손님들이 시가 냄새가 나는 특이한 커피라고 칭찬해주었다.

아바나에서 우리가 머물렀던 호텔은 최고급 호텔 중 한곳이었지만 가구의 문이 떨어져 있거나 어디서 떨어졌는지도 모를 문짝이 커튼이 쳐진 구석에 아무렇게나 방치되어 있었다.(심지어 화장실 문이 없는 경우도 있었다) 그러나 페인트칠이 조금씩 벗겨지고 있는 엘리베이터 문짝들처럼 이 모든 것이 그냥 일부러 연출한 것 마냥 자연스러웠다. 2015년 미국과 쿠바가 오랜 국교 단절을 끝내고 다시 수교를 맺었다. 미국의 자본이 유입되면 경작 기술이나 가공 기술이 세련되어져 커피 맛은 지금보다는 훨씬 더 좋아질 것이다.

파나마의 게이샤 커피

다음 날 우리는 아쉬운 마음을 뒤로 하고 아바나를 떠나 파나마로 향했다. 당초에 게이샤로 유명한 파나마의 에스메랄다 농장으로 가는 것이 파나마 투어의 목적이었지만 지카 바이러스 때문에 농장 방문은 포기하고 대신 게이샤 커피를 취급하는 카페에서 커피를 맛보기로 했다. 게이샤 커피는 파나마에서도 다른 일반 커피의 5배 정도의 가격에 판매되고 있었다. 파나마의 소득 수준을 생각한다면 일부러 게이샤를 찾는 외국 손님들 외에는 게이샤를 마시는 내국인은 없어 보였다. 그래서 그런지 에스프레소로 추출된 게이샤는 일반적으로 오래된 커피에서 나는 찌든 냄새가 났다. 파나마 가이드는 우리에게 콜롬비아의 '후안 발데스'라는 카페를 추천해주었는데 동대문 디자인 프라자에도 입점한 카페라 우리의 관심을 끌지 못했다. 오히려 파나마 로컬 브랜드 카페에 들러서 마신 커피들이 훨씬 매력적이었다.

어떤 사람들은 게이샤라는 커피가 과대 포장되었다고 한다. 하지만 나는 게이샤 같은 커피가 있으므로 해서 많은 사람들이 스타벅스 커피 외에도 색다르고 맛있는 커피가 세상에 존재하고 있다는 사실을 알게 되었고, 그것만으로도 게이샤의 가치는 충분하다고 생각한다. 우리는 에스메랄다 농장의 게이샤를 구하지 못했지만 다른 농장에서 어렵게 게이샤 생두를 조금씩 구매했다. 당초에는 10kg쯤 사갈 계획이었으나, 커핑을 할 수 없는 상황에서 비싼 가격의 게이샤를 대량 구매하기에는 위험 부담이 컸다.

중남미 커피 투어는 아프리카 못지않게 내게 많은 영감과 커피에 대한 이해를 높여 주었다. 15일에 걸친 길고 힘든 여행이었으나 이 여정에서 얻은 추억과 경험은 남은 내 커피 인생에 큰 밑거름이 되어줄 것이다.

에필로그

2012년 내 나이 쉰다섯에 가족들과 함께 퀸 시바를 열고 우리 비즈니스 모델의 경쟁력을 알아본 사람들에게 창업 교육을 하면서 내 인생에서 가장 행복한 시간을 보냈다. 카페 일로 바쁜 틈틈이 라오스 커피 산지와 중남미 커피 농장, 미국의 포틀랜드 카페 투어 등 커피 유람도 부지런히 다녔다.

나의 은퇴 후 우리 가족은 '커피'라는 공통의 화두를 잡고 고군분투 5년의 시간을 보냈다. 그리고 내년 5월이면 퀸 시바가 싱글 오리진 에스프레소 바를 운영하고 있는 라 바의 임대 기간이 끝나고 퀸 시바 2층에 자리한 에드워드의 사무실도 이사를 떠난다. 현재 퀸 시바와 동고동락하고 있는 꽃집과 책방도 새로운 둥지를 찾아 떠날 계획이다.

한 지붕 세 가족 중에서 두 가족이 이사를 가게 되면 퀸 시바의 사용 공간은 지금의 두 배로 늘어나게 된다. 또한 라 바가 문을 닫으면 싱글 오리진 에스프레소 바에서 사용하던 퀸 시바의 설비와 집기를 어디론가 옮겨야 한다. 퀸 시바에 새로운 변화의 시기가 다가오고 있는 것이다.

일단 꽃집과 책방이 이사를 가게 되면 핸드드립 전문점이라는 퀸 시바의 기본 콘셉트는 유지하되, 싱글 오리진 에스프레소를 베이스로 한 멋진 라테 아트 작품들을 기존 메뉴에 추가할 것인지를 두고 파트너들과 고심하고 있다. 만약 에드워드가 사용하던 사무실까지 임대하게 된다면 2층을 기존 라 바의 콘셉트, 즉 낮에는 싱글 오리진 에스프레소 바를 운영하고 밤에는 크래프트 비어를 취급하는 펍으로 운영하는 콘셉트를 살려 운영할지, 아니면 조명 빛이 커피 향을 가릴 정도로 매혹적인 사이폰 커피 바를 만들어볼지 생각해보고 있다. 물론 그 전에 매장을 넓히는 데 따른 경제적 타당성 분석이 철저히 뒷받침되어야 할 것이다.

경험 상 매장이 커진다고 해서 반드시 손님이 늘어나는 것은 아니라는 것을 알았다. 따라서 퀸 시바의 규모가 커지고 라 바의 싱글 오리진 에스프레소 혹은 라테 아트 메뉴가 추가된다고 해서 매출이 기존 매장 두 곳의 매출을 합친 것보다 더 높아질 거라는 확신은 아직 없다. 마찬가지로 사무실로 사용되던 2층을 사이폰 커피 바로 바꾼다고 해서 추가되는 임대료나 인건비 등 고정비를 감당하고도 이익을 낼 수 있는 정도의 경제성 있는 비즈니스 모델이 될 거라는 확신도 없다.

그러나 제2의 인생에서는 결과가 아닌 과정이 삶의 목표가 되어야 한다고 말해왔듯 지금부터 내년 5월 라 바의 임대 기간이 종료되고, 꽃집과 책방이 이사 가는 그날까지 우리는 기존의 퀸 시바를 어떤 모습으로 변화시켜나갈지 매 순간 고민하고 상상하고 계획하고 꿈꾸면서 그 모든 과정을 즐길 것이다. 그 시간 또한 우리가 처음 퀸 시바를 꿈꾸고 계획하던 시간 못지않게 우리 인생에서 소중한 시간이 되어줄 거라고 믿는다. 우리 파트너들은 그 변화에 몸을 맡기고 다가오는 모든 과정과 순간을 즐길 준비를 하고 있다.

이제 우리 파트너들도 점점 노년의 단계에 들어서고 있다. 이제 형이나 내 나이에는 평소에 아무리 운동을 열심히 해도 체력이 조금씩 약해져가는 것을 피할 수 없다. 그럼에도 우리가 정신적으로 점점 더 행복해지는 이유는 무언가를 꿈꾸는 능력이 더 커져가고 있기 때문일 것이다.

우리는 돈보다는 전문적인 놀이를 하면서 그 과정을 즐기는 것을 제2의 인생에서의 목표로 삼았다. 따라서 앞서 이야기한 여러 변수가 생긴다고 해서 우리가 그 변화를 사업의 계기로 받아들일 일은 없다. 만약 우리가 그 변화를 유연하고 슬기롭게 받아들여 '퀸 시바 4세대'라 할 만한 새로운 시도를 하게 된다면, 그것은 자연히 우리가 컨트롤할 수 있는 놀이터의 크기가 커진 것에 불과할 것이다.

커피를 제2의 인생 화두로 삼은 그날부터 지금까지 힘이 되어주시고 그리고 예상되는 변화를 무난히 극복하도록 함께해주신 하나님께 먼저 감사의 기도를 올린다. 그리고 지금까지 나를 믿고 함께해준 퀸 시바의 파트너 헨리(임봉승), 스칼렛(박경희), 에드워드(정지욱), 교회 내에 로스팅머신 설치를 허락해주고 커피 맛을 잡는 데 중요한 역할을 해준 나의 작은누나이자 하나교회 목사님, 에스프레소 커피 블랜딩 '에드워드 No.5'가 탄생하도록 끊임없이 영감을 준 친구 정인, 커피머신 임대 사업이 가능하도록 길을 터준 오릭스렌텍의 김재년 사장과 김성일 이사, 구원 투수로 등장해서 카페에 활기를 불어넣어주고 있는 딸 나오미(임다운), 뒤에서 아빠가 가는 길을 누구보다 자랑스러워하고 지지해주는 아들 다니엘(임지운), 그리고 마지막으로 용기를 내서 이 길을 가도록 끊임없이 도와주고 이끌어준 '신주선' 선배께 감사의 말을 전한다.

독자 여러분도 나처럼 어느 날 문득 멋진 커피 한 잔을 마시고 들여다본 빈 커피잔에서 신을 만나는 것과 같은 기쁨을 발견하는 행운을 갖게 되길 바란다.

우리 가족이 카페를 열었습니다

통의동 카페, 가족경영 5년의 노하우

초판 1쇄 인쇄 2017년 6월 5일
초판 1쇄 발행 2017년 6월 12일

지은이 임봉수
펴낸이 연준혁
편집인 김정희
책임편집 김경은
사진 이솔네

펴낸곳 로고폴리스
출판등록 2014년 11월 14일 제 2014-000213호
주소 경기도 고양시 일산동구 정발산로 43-20 센트럴프라자 6층
전화 (031)936-4000 팩스 (031)903-3895
홈페이지 www.logopolis.co.kr 이메일 logopolis@naver.com
페이스북 www.facebook.com/logopolis123 트위터 twitter.com/logopolis3

값 14,000원
ISBN 979-11-86499-54-2 03320

이 도서의 국립중앙도서관 출판예정도서목록(CIP)은 서지정보유통지원시스템 홈페이지(http://seoji.nl.go.kr)와
국가자료공동목록시스템(http://www.nl.go.kr/kolisnet)에서 이용하실 수 있습니다.
(CIP제어번호 : CIP2017012911)